やさしい
神さまのお話

中田考=監修　中田香織=著
山本直輝=序文

百万年書房

序文

山本直輝

本書は一二世紀シリアで活躍したスーフィー詩人アルスラーンの『タウヒードの書』を、イスラーム研究者であり、ご自身もイスラーム教徒であった中田香織さんが易しい日本語に書き起こして解説した神学書（神について書かれた本）です。『タウヒードの書』は古今東西さまざまな学者によって解説書が書かれていますが、一七・一八世紀シリアに生きた神秘思想家ナーブルスィーの注釈書『葡萄酒の香り』がもっとも有名です。中田香織さんの解説もナーブルスィーの注釈書を参照して書かれています。

『タウヒードの書』は、スーフィズム（イスラーム神秘主義）と呼ばれるジャンルに属する本で、一般のイスラーム教徒にはわからない特別な奥義や神秘的な真理を解説したものだと考えられています。ところが注釈者のナーブルスィーはなかなか興味深い人物で、この本に書いてある「タウヒード」とはそのような人を選ぶ小難しい思想ではなく、イスラームを信じている人であっても信じていない人であっても「誰にとっても必要なメッセージ」であると説いています。本書『やさしい神さまのお話』でも、アッラーやイスラーム、預言者ムハンマドという言葉はほとんど出てきておらず、中田香織さんはナーブルスィーの意向を特にくみ取って解説しているようです。

私が本書を手に取ったのも大学一年生のときで、まだイスラームについてほとんど知りませんでした。高校生のときに私は何回か手術をして、自分が思い描いたような生活を送れない日々を過ごしました。幸い治療は上手くいき、大学にも通えるようになったのですが、

「なんで自分はこんな目にあったんだろう」

「せっかく治ったんだから、もっと自分は頑張らないと」

「周りからは自分はどう映ってるんだろう」

などなど、「自分」という言葉を中心にぐるぐると悩んでいました。なりたい自分になかなかなれないこと、周りに比べて要領が悪く不器用な自分が恥ずかしくて、焦ってしまったり斜めに構えてしまったり、いつも自分で自分の首を絞めていたように思えます。しかし悩みっぱなしも嫌だったので、何か解決法を見つけたくて同志社大学図書館の心理学や社会学、宗教学のコーナーの本をよく読んでいたのですが、あるときふと本書を手に取りまし

た。

本書のメッセージは一貫しています。「自分など存在しない」ことに気づき、「あらゆる二元論的価値観を超えて、神の意志を知る」ことを理解しなさい、というものです。当時の私には衝撃的でした。自分など存在しないとはどういう意味なのだろう？

本書によれば、それは「自分を成り立たせている」と思っている多くのことははかない虚構に過ぎず、それを絶対だと思ってすがったり振り回されたりしてはいけない、という意味です。

自分を構成する（ように見える）アイデンティティや、社会的立場の根拠となる規範や価値の物差しは、決して絶対的なものではありません。昨日まで当たり前のように思っていた日常やルールが、今日にはまったく正反対のものに転じてしまうことなどざらにあります。現世に限りがある以上、現世に基盤を持つもののすべては絶対的なものではありえません。

心を振り回す悩みや理想も、社会や他人、自分が作り出したヴァーチャルなものに過ぎません。「人は～であるべき」、「人は～でなければならない」という言葉の多くは、実は根拠のない縛りでしかありません。あったとしてもそれはたいてい国家や社会という目に見えない大きなシステムを存続させるためのルールであって、人間個々人の幸福を願った倫理的基盤を持っていません。よくネットで「おまえは許せない」、「けしからん」といったメッセージが有名人に投げられ炎上していますが、そもそもおまえと何の関係があるのか、おまえにとって何の意味があるのかと私は思います。

周りが気になるという悩みも、他人に対する「自分の期待」が先にあり、そのギャップに囚われることで相手や自分を傷つけてしまうのです。このような目に見えないシステム――日本的には「空気」とも言えるもの――を心が際限なく吸い込んでしまい、周囲や自分のさまざまな欲望や期待、理想に押しつぶされて自分の居場所を見失ってしまうことが、古今東西、人間が抱える業《ごう》です。目に見えないヴァーチャルなものに、目に見えるものは対抗できません。一見リアリティがあるように見えるものが、実は虚構に過ぎないことを理解するには、それを見抜く目が必要です。目に見えないヴァーチャルなものを生み出す人の心を深く探り、呪いをひとつひとつ解いていくことが唯一の方法です。

一五世紀ペルシアの詩人ジャーミーは、タウヒードとは悩みで千切れバラバラになった心を神との絆で結びつけ「ひとつにすること」なのだと言いました。「自分を中心としたさまざまな呪い」から心を解放することが「タウヒード」であり、反対に「自分や周囲に『こうあるべき』『こうしなさい』とさまざまな呪いをかけ、なれもしない完全な存在になろうとしたり、周囲や環境を支配したりしようとする」ことを「シルク（多神崇拝）」と呼びます。よく「イスラームは一神教で日本の八百万の神々を信じる日本の多神教とは違って〜」という解説を目にしますが、そんなのはどうでもいい説明です。しばしば世間を盾に人を追い詰めてはばからないこの重苦しい空気は何なのか？　なぜ人は「自分に居場所がない」と感じてしまうのか？　日本でタウヒードを考えるとは、この空気という呪いから心を守る術を学ぶことです。

神学書というと、ある特定の宗教の教義が正しいことを証明するためのものだと受け取られがちですが、本書については当てはまりません。「神さまについて考える」とは、神さまを信じる道を選び歩み始めた人間に、この世界はどのように見えるのか、どのように生きるべきかを明らかにしてくれるのです。神さまを考えるとは、徹底的に人間について考えることに他なりません。

『タウヒードの書』は八百年以上前に書かれた古典でありながらも、そのメッセージは決して色褪せることはなく、現代社会に生きる私たちのほうが本書をより必要としているようにも思えます。
最後に本書のメッセージを超えて、「本書を読む」ことの意味について少し考えたいと思います。はかない浮世の中で、人が自分に与えられた限られた時間を越えて、過去から引き継ぎ未来に伝えることができるものがあります。知識です。人間が不完全で寿命のあるはかない存在であることに何か意味があるとすれば、自己で完結せず知識や思いを引き継げることなのではないでしょうか。イスラームを伝えた預言者ムハンマドの言葉に次のようなものがあります。
「人が死後に遺せる最も貴いものは三つある。ひとつ目は、その人のために祈ってくれる誠実な子、ふたつ目はその人への報奨が永続する喜捨、三つ目はその人がこの世を去った後も実践される知識である」(預言者ムハンマドの言葉)
仏教の言葉に「瀉瓶相承《しゃびょうそうじょう》」というものがあります。みずからを水瓶に見立て、教えという水を師匠から弟子へと受け継いでいく営みを指します。本書が説く「じぶんからぬけだすこと」とは、我欲を洗い流し、心を空の器にして神の意志、そして神の意志を受け入れた先人の思いを受け継いでいくことに他なりません。

また老子道徳経に次のような言葉があります。「くぼんでいるからこそ、満ちることができる」。不完全であるからこそ、人は可能性を持っているのです。くぼんでいないものは誰からも何も受け取ることができず、何も注がれることはありません。

神さまのために生きた人たちが確かにこの世界のどこかにいて、人を苦しめる呪いを解こうと生涯をかけた。それを証明できるのは彼らの知識を受け継げる私たちだけです。

自分の居場所を「いま・このとき」に見つける必要はないのです。むしろ一瞬前と今で変わっていくような眼前の現実だけを追いかけていても、振り回されるだけでそこに「本当の意味」はありません。受け継がれる知識の系譜をイスラームではスィルスィラ（伝承の鎖）と呼ぶのですが、今という限られた時間を生きるということは、遠い過去と遠い未来をつなぐ鎖のつなぎ目として自らを位置付けたときに、初めて意味を表すのです。

とはいっても揺るがない心を手に入れることは一朝一夕でできることではありません。本書を手に、タウヒードの大海の中でゆっくりと真理とは何かを考える旅に出てみましょう。

やさしい神さまのお話＊目次

序文　山本直輝――1

1　神さまはひとり――16
2　創造主《そうぞうしゅ》――18
3　「私がいる」という思い込み――22
4　他人からじぶんを解放すること――25
5　じぶんからぬけだすこと――27
6　欲望《よくぼう》のとりこ、おこないのとりこ――30
7　敬虔《けいけん》さのとりこ――32
8　神さまはいつもいっしょ――34
9　信仰――37
10　変容《へんよう》――39

11 神さまの命令を守ること―― 41
12 神さまのしんじつ―― 44
13 時と場を越えた神さま―― 46
14 おきて―― 48
15 おきてとしんじつ―― 50
16 知識を求めること―― 53
17 努力の人と恵みの人―― 56
18 神さまに至《いた》る道―― 58
19 理性による迷い―― 61
20 欲望《よくぼう》による迷い―― 63
21 神さまの英知《えいち》に頼ること―― 65
22 神さまを知った人―― 67
23 神さまのしるし―― 69
24 神さまを求める人―― 72
25 神さまから求められる人―― 74
26 目撃者となること―― 76

27 神さまそのものによって支えられること――78
28 神さまの命令によって立つことと、神さまによって立つこと――80
29 忍耐――82
30 神さまの命令――84
31 満足、そしてされるがままに――86
32 知識と行為――88
33 行為と知識――90
34 学んでえた知識と与えられた知識――92
35 じぶんじしんを知ること――94
36 神さまに至《いた》る六つの道――96
37 愛すること、愛されること――98
38 正しい人、心ある人――100
39 タウヒードの完成――103
40 心の人――105
41 死ぬ前に死ぬこと――107
42 確信の人と信仰の人、そして、その心にゆらぎが生じるとき――109

43 確信の人と信仰の人――112
44 天使たちがアーダムへの跪拝《きはい》の向こうに見ていたもの――114
45 見えないままに神さまを信じる人――117
46 愛の人――119
47 知識とおこない、愛、そして、真知――121
48 不在という存在《そんざい》――124
49 神さまをおそれ、神さまを愛し、神さまを知り、そして、ついには神さまにおいて消滅すること――126
50 神さまの愛――128
51 神さまを愛すること――130
52 つらいときに泣くこと――132
53 神さまによって悲しみ、神さまによって喜ぶこと――135
54 愛する人のことば――137
55 神さまに愛された人――139
56 愛の人と崇拝《すうはい》行為の人（その一）――142
57 愛の人と崇拝《すうはい》行の人（その二）――144

58 愛の人と崇拝行《すうはい》の人（その三）――147
59 神さまを見ること――150
60 神さまのしもべとなること――152
61 神さまのおきては神さまがともにおられることのしるし――155
62 ほんとうの行為者――157
63 愛――160
64 すべての動きは神さまのもの――163
65 神さまに仕《つか》える人、神さまのためにがまんする人、しんじつの人――166
66 神さまを知った人――168
67 神さまと親しくなった人――170
68 神さまにむちゅうになること――173
69 望みを消すこと――175
70 神さまによって明かされた神さまの唯一性《ゆいいつ》――177
71 ただ神さまになされるがままにあること――179
72 神さまによって神さまに近づくこと――181
73 神さまから命令と禁止を負わされる人――183

74　神さまに仕《つか》える喜び――184
75　神さまに近づく――186
76　ご命令の一振り――188
77　すべてはひとつのご命令、ひとつの息吹《いぶき》から――190
78　行為の人、恩寵《おんちょう》の人――192
79　「じぶんの行為」――194
80　静止すること――196
81　「アッラーのほかに神はないことを知れ、そして、おまえの罪の赦《ゆる》しを乞え」（クルアーン第四七章一九節）――198
82　隠れた多神教《シルク》――200
83　振り出しに戻る――202
84　神さまのタウヒード――205
85　二重のおおい――207
86　すべては私じしん――209
87　サラーム――211

やさしい神さまのお話

1　神さまはひとり

神さまはひとりです。

　神さま以外のものはみな対《つい》になっています。テニスのペアーのように、ふたりで一組になることです。

「対」とは、ペアーのことです。

　たとえば、おとうさんとおかあさんは、対です。おとうさんひとりでは子どもはできません。おかあさんだけでもできません。ふたりがそろって、はじめて子どもはできます。

　人はひとりでは人になれません。むかし、おおかみに育てられた女の子がいました。おおかみに育てられた女の子はおおかみになりました。おおかみのように四つ足で走り、おおかみのように生肉を食べ、もちろん人間のことばは話せませんでした。子どもは、おとなからことばを教えてもらわなければ話せるようにならないのです。だから親と子も対です。

私たちのまわりにはまだまだいろいろな対があります。天と地、太陽と月、昼と夜も対です。

光と陰も対です。陰があるから、光の明るさがわかります。大きいと小さいも、大きいものがあるから小さいものは小さく、小さいものがあるから大きいものは大きいのです。片方だけでは大きいのか小さいのかわかりません。善と悪、幸福と不幸も同じです。

電極のプラスとマイナスも対です。プラスとマイナスをつないだときに電流は流れ、電気がつきます。片方だけでは電気はつきません。

神さま以外のものはこうしてみなペアーになっています。ふたつで助け合っています。

でも、神さまはひとりで、だれの助けもいりません。ひとりですべてのことをやってのけます。

そこが神さまと神さまでないものとの大きな違いです。

2　創造主《そうぞうしゅ》

神さまのもっとも大きなとくちょうのひとつは、神さまが創造主《そうぞうしゅ》である、ということです。

「創造主」の「創」はつくる、「造」もつくる、という意味です。すべてを何もないところから作った方、それが創造主です。そして、神さま以外のものはみな作られたものです。

科学の進歩のおかげで今の人には、むかしの人にはできなかったこともできるようになりました。牛の小さな細胞から一頭の牛を作ることにも成功しました。でも、何もないところから何かを作りだすことは、今日の科学にはできません。未来の科学でもできないでしょう。

神さまは作った方であり、神さま以外のものは作られたもの、それが神さまと神さまでないものとの大きな違いです。

作られたものにはかならずはじめがあります。

私たちにはだれでも誕生日《たんじょうび》があります。生まれた日です。

生まれる前に私たちはどこにいましたか。おかあさんのおなかの中です。小さな血のかたまりだったあかちゃんは、おかあさんのおなかの中でぐんぐん大きくなって、一〇か月目におぎゃあと泣きながら外に出てきます。

では、その前にはどこにいたのでしょうか。どこにもいませんでした。その前には私たちは存在《そんざい》していなかったのです。

神さまにはじめはありません。だから誕生日もありません。

この世の時間は神さまが作りました。時間を作った神さまは、時間の外にいます。ですから、どんなに時間を過去にさかのぼっても、そこには元から神さまがいます。また、どんなに時間を未来に進めても、そこにはずっと神さまがいます。神さまには、はじめもおわりもないのです。

ところで、自動車はどんなふうに作るか知っていますか。自動車を作るときには、まず部品をそろえなければなりません。それからそろった部品を組み立てます。できあがるまでにはとうぜん時間がかかります。

では、神さまがものを作るときはどうでしょうか。神さまがものを作るときには、ひとこと「あれ」と言うだけでおしまいです。神さまが、あれ、と言ったら、それはそこにあらわれます。準備もいらなければ、時間もかかりません。「あれ」と言ったら、在《あ》るのです。

「あれ」と言うだけでそれを存在させてしまう神さまは、「あるな」と言えば、たちまちその存在をなくしてしまうこともできます。ですから、私たちが今ここに生きているということは、神さまが私たちを生かそうと望んでいるということです。神さまが望んでいるから、私はここにいるのです。

たとえてみるなら、私たちはみな神さまからこの世のヴィザをもらっているということです。ヴィザとは、この国にいてもいいよ、という許可証《きょかしょう》です。許可証がなかったらその国にはいられません。

私たちはだれも、気がついたときにはこの世にいます。何のためだかよくわかりません。なんでこんな顔をして、なんでこんな頭をして、なんでこんな性格なのかわかりません。でも、いるということは、神さまが、それでいいんだよ、そのなりでそこにいたらいいんだよ、と許可証を出してくれているということです。

それはつまり愛のしるしです。神さまが私を愛しているというしるしなのです。だから、いる必要のない人とか、まちがってそこにいる人とかはひとりもいません。

許可証には「いついつまで有効《ゆうこう》」という期限《きげん》があって、その期限がきたら許可証は神さまに返さなければなりません。でも、そのときまではだれに遠慮することもなく、いばってそこにいたらいいのです。

3 「私がいる」という思い込み

神さまが「あれ」と言ったら在《あ》り、「あるな」と言ったら消えてしまう私たちの存在《そんざい》は、はかないものです。私たちは神さまが望んだから生まれ、神さまの助けに支えられて生きています。ひとりで生きている人はだれもいません。

私たちは息をすったりはいたりしていますが、それはじぶんでやっていることではありません。心臓はドキンドキン動いていますが、それもじぶんで動かしているのではありません。みな神さまがしていることです。そして、神さまが、やーめた、と思えば、心臓は動くのをやめ、息は止まってしまうのです。

ですから、ほんとうの意味で存在しているのは、神さまだけです。じぶんが存在していると思ったら、それは神さまのとくちょうを持っていないのに、持っているのと主張するのとおんなじことです。

アラビア語で会社のことを、「シャリカ」と言います。会社とは人と人が協力して、いっしょに何かをするところです。神さまはひとりで何でもできます。なかまはいりません。その神さまになかまを並べ、神さまと同じような力を持ったものがほかにもいると考えることを「シルク」といいます。日本語で言うと、「多神教《たしんきょう》」です。

たとえ、あなたが、ただおひとりの神さまを信じていたとしても、神さまと並んでじぶんも存在していると思うなら、あなたはシルクを犯しています。黒い岩の上を這うアリよりももっと気づきにくい「隠れた多神教《シルク》」です。

でも、だったら、私たちは存在していないということですか。ここにいる私たちはまぼろしなのですか。

いいえ、そういうことではありません。私たちはちゃんといます。でも、いると思ったつぎのしゅんかんに天井がおちてきて死んでしまうかもしれません。あるいは、車にポーンとはねとばされて死んでしまうかもしれません。いつだって私たちは死とせなかあわせです。

神さまは違います。神さまはいつだっています。ずっと前から存在し、これからもずっと存在します。そんな神さまの存在の確かさにくらべたら、私たちは存在しているなんてとても言えない、ということです。

じぶんのはかなさをわすれて、じぶんが存在していると思うことは、じぶんが神さまのようだと思うことです。ですから、神さまの唯一《ゆいいつ》性、つまり、神さまがたったひとりだということを知るためには、まず「私がいる」という思い込みからぬけださないといけません。

じぶんからぬけだせば、存在しているのは神さまで、じぶんではないということがはっきりしてきます。そして、じぶんが存在していると思っていたことがどんなに思いあがったことだったか、どんなに神さまへのかんしゃをわすれた行為だったかに気づきます。

私たちが一日になんども「アッラーにお赦しを求めます《アスタグフィルッラー》」と言わなければならないのはそのためです。ものをぬすんだり、人をきずつけたり、うそをついたりしなくても、知らないうちにうっかりじぶんが神さまみたいになった気でいるからです。

4 他人からじぶんを解放すること

私たちの多くは他人のとりこになっています。「とりこ」とは、つかまえられて、自由に動けないことです。

こんなことをしたら人はどう思うだろうか、人はほめてくれるだろうか、それとも人に笑われるだろうか。こんなとき、みんなだったらどうするだろうか、といつも人のことばかりが気になって、じぶんのしたいことができません。それどころか、じぶんが何をしたいのかもわからなくなってしまいます。他人の意見に振り回され、他人の目にうつるじぶんのすがたが気になるあまり、ほんとうのじぶんが見えなくなってしまうのです。

ですから、ほんとうのじぶんを見いだすためには、他人からじぶんを解放しなければなりません。他人の意見や他人の評価《ひょうか》から自由になるのです。他人の目でじぶんを見るのをやめたとき、私には私のほんとうのすがたが見えてきます。じぶんと他人をくらべてもしかたがないこと、私には私に神さまがくれた私の善さがあることに気づくのです。

ほんとうのじぶんをじっと見つめたら、そこに神さまの存在《そんざい》のしるしがあることが見えてきます。私がいるということが、神さまのいるしるしなんだということがわかってきます。

5 じぶんからぬけだすこと

他人から解放されて、ほんとうのじぶんが見つかったら、こんどはそのじぶんからぬけださなければなりません。じぶんにとらわれていたら、神さまは見えてこないからです。

たとえば、私たちは、「私の手」と言いますが、私の手は私が作ったのでも、私が見つけたものでもありません。神さまが作って、神さまがくれたものです。

私たちが私のものと思っているものは、すべて神さまからのもらいものです。

私には手がありますが、手のない人もいます。私に手があるのは私のせいではなく、その人に手がないのはその人のせいではありません。どちらも神さまが決めたことで、神さまが望んだから私には手があり、神さまが望んだからその人には手がないのです。私の手だって、神さまが望んだら動かなくなってしまうかもしれません。神さまがくれたものですから、神さまがとりあげても、私には文句は言えません。

手だけではありません。お金もそうです。私の持っているものはみんなそうです。もともと私のものなど何もないのです。そのことに気づいたとき、私たちは神さまの大きな愛に気づきます。

なぜなら、私が持っているものは元はみんな神さまのもので、神さまが私にとくべつに使うことをゆるしてくれたものだからです。

私が持っているものは、あの人が持っているものとくらべて小さいかもしれません。でも、小さくても神さまはそれをあの人ではなくて私にとくべつにくれたのです。すべては、神さまから私への、とくべつの贈り物です。そのひとつひとつが神さまからの愛のしるしです。そのことに気づけば、どんなにかんしゃしてもかんしゃしたりないことがわかるでしょう。

じぶんが、じぶんのものなどひとつもない、小さくて弱い存在《そんざい》であることに気づいたとき、私たちは神さまの大きさに気づきます。

私たちはおいのりをするときに地面にひたいをつけます。私たちは土から作られました。そして土に戻ります。王様だろうとこじきだろうと同じです。地面にひたいをつけたとき、私たちはじぶんが土くれにすぎないことを思い出し、じぶんがどんなに小さな存在かを知ります。そして、それを知ったとき、一番大きな神さまに一番近づくのです。

6　欲望《よくぼう》のとりこ、おこないのとりこ

私たちは欲望のとりこになっています。おいしいものが食べたい、とか、きれいな家に住みたい、とか、お金がほしい、とか、ほめられたい、とか、えらくなりたい、だとか、いろいろな思いにとらわれています。

そうしたことを望むことを、神さまは私たちに禁じてはいません。でも、ほしい、ほしい、とそのことばかり考えていると、心はそのことでいっぱいになって、神さまのことがどこかにいってしまいます。

ほしい、ほしい、という欲望の声は、私たちの「自我《ナフス》」の声です。自我《ナフス》は、すぐに消えてしまう小さなことに私たちをむちゅうにさせ、永遠につづく大切なことから私たちの心をそらします。

私たちはまた、じぶんの善いおこないのとりこにもなっています。

私たちは神さまに近づくためにいろいろ善行《ぜんこう》をします。たとえば、おいのりや、だんじきや、ほどこしをします。でも、そのことばかり考えていると、いつのまにか、神さまのためにしていることをわすれてしまうことがあります。

きょうもたくさんおいのりをした、とか、きょうでだんじきは何日目だ、とか、あの人よりもたくさんほどこしをした、とか、そういうことに気を取られているうちに、何のためにしているのかわからなくなってしまうのです。それはちょうど、何か買いたいものがあって貯金《ちょきん》をはじめたのに、だんだん貯金することがおもしろくなって、買いたいものがあったことをわすれてしまうのに似ています。

神さまのために善いおこないをしているはずだったのに、そのおこないがかえって神さまのことをわすれさせてしまっているのです。それではせっかくの善いおこないも神さまにはとどかず、ただの自己満足《こまんぞく》になってしまいます。自己満足とは、私たちの自我《ナフス》が喜ぶことです。神さまが喜ばずに、じぶんが喜ぶのです。

7　敬虔《けいけん》さのとりこ

私たちは、神さまという大目標から私たちの心をそらせる欲望《よくぼう》の声をふりきり、自我《ナフス》のでしゃばりをおさえつけて、神さまに向かう道を進めますが、そこには、私たちをとりこにしようと待ちかまえている、もうひとつのわながあります。

それは、「なんて私は敬虔なんだろう」、とか、「こんなにも私は神さまに近づいた」という思いです。

神さまにおわりはありません。おわりのない神さまに私たちが到《とう》達《たつ》することはありません。ですから、こんなに私の信仰は深まった、とか、これだけ神さまに近づけばじゅうぶんだ、ということは決してありません。いつだってまだまだ先はあるのです。

神さまは、ときに私たちに、私たちの五感ではとらえられない不《ふ》思議《しぎ》を明かしてくれることがあるかもしれません。けれども、それに目をうばわれて、そこで立ち止まってはなりません。私たちには進むべき先があるのです。私たちの目標は不思議ではなく、不思議の主《ぬし》なのです。

私たちは、じぶんの欲望と、じぶんの善行《ぜんこう》と、じぶんの信仰にだまされてはなりません。神さまはその向こうにいるのです。じぶんの善行や信仰に気を取られているあいだは、神さまからまだまだ遠いのです。

ほんとうに神さまのことで心がいっぱいだったら、じぶんのことなどわすれて、じぶんがどんな善行をした、とか、じぶんの信仰はどんなだ、とか、そんなことはどうでもよくなって、そのどうでもいいということすらどうでもよくなってしまうはずです。そのときには、神さまに近づこうという思いすらどこかに行ってしまっているでしょう。

8　神さまはいつもいっしょ

神さまのような方は、ほかにはいません。神さまのかわりになるものはいません。

また、神さまより大切なことはありません。神さまは、私たちがほかのことに気を取られることがあっていい方ではないのです。

神さまはいつもそこにいます。いつも私たちといっしょで、どこにいようとずっと私たちのことを見ています。

神さまが私といっしょなのは、私が生まれたときからではありません。それよりもずっとずっと前、時間のはじまる前からいっしょでした。神さまが私といっしょなのは、私が死ぬときまでもありません。それからずっとずっと先、時間のおわりよりもまだ先までいっしょです。なぜなら、神さまは時間のはじまる前からいて、時間のおわる後までいる方だからです。

神さまは、私がおぎゃあと叫んでこの世に生まれてくるずっと前から、私のことを知っていました。時間を越えたふるいふるい神さまの知識の中に、私はすでにいたのです。そのときから神さまが私といっしょだったから、今、私はここにいるのです。

神さまが私たちのそばにいるというのに、どうして私たちの多くは神さまのことに気がつかないのでしょうか。

それは、神さまは私たちのそばにいるのに、私たちが神さまから遠くにいるからです。ほかのことに気を取られて、神さまのことが見えなくなっているのです。

もし、私が神さまのほうを向いたら、こんどは私には私のことが見えなくなるでしょう。何かにむちゅうになったときにはほかのものは見えなくなるからです。

私がじぶんのほうを向いているときには、神さまの命令を重荷《おもに》に感じます。おいのりをきまった時間にしなければいけない、とか、だんじきをしなければいけない、とか、いろいろきまりごとがあってきゅうくつだなあ、と感じます。それは、私が私の自我《ナフス》のところにいるからです。自我《ナフス》が私をしばりつけているから、神さまの命令をきゅうくつに感じるのです。

じぶんといっしょにいることをやめて、神さまといっしょにいるようになったら、命令は命令でなくなります。どんなことも水が上から下に流れるように、すんなりと自然になるはずです。

9　信仰

神さまを信じるとは、神さまにすっかり服《ふく》すことです。

神さまにすっかり服すとは、ほかのいっさいのものから離れることです。

人は頼りになりません。じぶんも頼りになりません。

確かなもの、かわらないもの、なくならないものは、何ひとつありません。神さまを信じるとは、まずそのことに気づいて、神さま以外のものに頼る気持ちをすっかり捨てることです。

確かな信仰とは、心の静けさです。

人から離れ、じぶんから離れ、心を神さまにすっかりあずけた人は、ちょうど風のない池のように静かで、池のまわりでどんなことが起こっても、そこに波が立つことはありません。神さま以外のどんなものも、その静けさを乱すことはないのです。

確かな信仰の第一歩は、確かな知識を持つことです。うたがいの心がすっかり消えるまで、確かな根拠《こんきょ》をしらべることです。確かな根拠とは、神さまからの啓示《けいじ》のことばと、預言者《よげんしゃ》のことばです。

つぎに、確信のきざしをじぶんのうちに感じ取り、それを味わうことです。そうなったら、もうことばによる説明やうらづけに頼る必要はなくなります。

それから、ついには、確信そのものをじぶんのうちに見いだし、神さまとともにいるじぶんを、じぶんそのもののうちに消しさってしまうのです。

そして、じぶんを消しさったところで、私は私に戻るのです。

10 変容《へんよう》

他人から解放された私は、神さまのお望みのままにありようをかえていきます。

そこには、私の意志や力が入り込むよちはありません。私は、神さまのなすがままにかえられていくのです。

はじめ、私の目にうつるのは、人々の多様《たよう》なすがたでした。ところが、あるとき、私は、そのさまざまな人のさまざまな行為の向こうに、唯一《ゆいいつ》の神さまがいることに気づきます。

すべてのことが神さまの決定であり、神さまのご意志によってあらわれた神さまの御業《みわざ》であることに、気づくのです。

それから、私はそこに、神さまの御名《みな》のあらわれをみいだします。

それから、そこに、その御名のさし示すとくちょうが、ちょうど日が昇り、光がさしこむようにあらわれるのを、私は見るのです。

そして、ついにはそこに、すべてから超絶《ちょうぜつ》し、おおいなる神秘《しんぴ》に隠された神さまそのものをみいだすでしょう。

そのとき、信仰は確信となります。

私は、他人から解放され、私じしんからも解放される中で、知識にもとづいた確信から目撃による確信へと、確信を深め、ついには確信そのものとなるのです。

11　神さまの命令を守ること

神さまは、私たちに、何が正しくて、何がまちがっているかを教えてくれています。どんなことをすべきか、どんなことをしてはならないか、教えてくれています。それは、すべて私たちのためです。私たちが、神さまによって神さまを求めるようになるためにそれはあるのです。

神さまによって神さまを求める、とはどういうことでしょうか。もし、私たちが、この世とあの世のほうびがほしくて神さまにしたがうのだとすれば、目的は神さまではなく、神さまからのほうびです。

神さまを求めるのと、神さまからのほうびを求めるのとは、別のことです。

神さまは、私たちに、私たちが望んだものを与えてくれます。ですから、ほうびを望んだ人には、ほうびが与えられます。いっぽう、神さまを望んだ人には、神さまと、神さまの手の中にあるほうびと、両方が手に入るでしょう。

神さまのところには、神さまにつれていってもらわないと達することはできません。どんなに善いことをしても、また、どんなに敬虔《けいけん》な人に助けてもらっても、神さまにひっぱってもらわなければ、神さまに通じる橋はわたれないのです。

私が、じぶんのおこないによってではなく、神さまによって、また、神さまの手にあるほうびではなく神さまを求めたとき、神さまのおきては私にとって命令ではなく、神さまの証《あか》しとなります。そして、私のおこないはすべて、神さまの定めたとおりのものとなります。

私たちは、じぶんには善いことをすることができるし、悪いことをしないことができると思っています。どちらもじぶんしだいだと思っています。でも、それは無知による思い込みにすぎません。ほんとうのイスラームの境地《きょうち》に達すると、私たちには何かをする力も、何かをしない力もなく、すべて神さまのなすがままであることがわかります。私たちにできることは、神さまが決めたことを果たすことだけなのです。

私たちは、何かをしようと望んだり、何かをしようと選んだりしていますが、それも、じつは神さまがしていることです。

私たちの心が神さまの元にあれば、善いおこないが神さまの御《み》心《こころ》にかない、悪いおこないが神さまの御心に反することを、心が感じとって、悪いことができなくなります。心が神さまのところにあると、自然《しぜん》に善いことがじぶんの中から流れ出るようになるのです。

いっぽう、私たちの心が神さまの元を離れ、私たちじしんの元にあると、私たちはじぶんの弱さやみにくさに引きずられて、まちがったことをしやすくなります。神さまが迷わそうと望んだ者は、じぶんじしんに頼り、じぶんのせいで道をふみはずしていくのです。

12　神さまのしんじつ

イスラームのしんじつは、神さまの元にあります。

神さまの元にあるしんじつは、神さましか知りません。だから、神さまによってしかそこに到達《とうたつ》することはできません。

神さまによらずに、じぶんで知ろうとしても、その理解は不完全《ふかんぜん》で、その人の理解したイスラームは不完全です。じぶんかってに頭だけで理解したしんじつには、しんじつの味わいがありません。

しんじつの味わいは、じぶんに頼る気持ちを捨て、じぶんをそっくり神さまにおまかせしたときに、はじめて知ることができます。

私たちが神さまを求めるのは、神さまのくれるほうびがほしいからではなく、また、神さまにおそろしい地獄《じごく》から守ってもらいたいからでもありません。神さまがしんじつだから、だから神さまを求めるのです。

神さまは人間の理解をこえた方です。その神さまをじぶんの知力で理解しようとする思いあがった者を、神さまはその人じしんの無知の闇《やみ》の中にほうっておきます。それで、その人は、じぶんの無知によってしんじつにおおいをかけ、しんじつを見いだせないのです。

13　時と場を越えた神さま

神さまはどこにもいません。

なぜなら、神さまは、時も、場所も越えた方だからです。

私たちは、この世のできごとを、何時、何日、何月、何年、と時間のくぎりで呼び、後だとか先だとか順序づけしますが、それは思い込みにすぎません。時を越えた神さまの元では、後のことも先のこともひとつで、ただそれが神さまのご意志によって先にあらわれたり、後になったりするだけのことです。

神さまには、昼も夜もありません。きのうもきょうもありません。時間を作ったのは神さまで、神さまは時間の外にいるからです。

時間の中に生きる私たちにとっては、きのうのことは近く、去年のことは遠いことです。でも、時間の外にいる神さまにとっては、きのうのことも、去年のことも、ずっとずっとむかしのことも、それから、私たちにはまだ起こっていない遠い未来のことも、同じくらいに近いのです。

また、私たちはみな、どこかにいます。何かの上だったり、何かの下だったり、何かの近くだったり、何かから遠くだったりします。でも、それもまた、思い込みにすぎません。

たとえば、私たちは、私たちの住む地球が銀河系のどこに位置して、なんという星からどのくらい離れている、と言うことができます。つまり、地球には場所があります。では、宇宙ぜんたいはどうでしょうか。宇宙はどこにある、と宇宙のある場所を示すことはできるでしょうか。できません。なぜなら、あるものの場所をしめすためには、それをつつみこむ、それよりも大きな空間が必要だからです。それを持たない宇宙に場所はありません。とすれば、宇宙よりもさらにずっとずっと大きな神さまにも場所はないのです。

14　おきて

神さまの決めたおきてのことを、アラビア語で「シャリーア」と言います。

シャリーアとは、水飲み場に通じる道のことです。のどがかわいた人は、その道をたどれば、のどのかわきをいやす水に行きつくことができます。神さまのおきても、それをたどれば、私たちを命の泉につれていってくれるのです。

神さまのおきてとは、私たちがこの世とあの世でしあわせになるためにもうけられたさまざまな枠《わく》です。その中には、お酒を飲むことやぬすみなど、してはいけないと定められた枠もあれば、おいのりやだんじきなど、決まった時間にするように定められた枠もあります。また、枠にもいろいろしゅるいがあって、かならず守らなければならない枠や、できれば守ったほうがいい枠など、さまざまです。

いっぽう、しんじつには枠はありません。しんじつとは、ものごとそれ自体、そのもののことです。

ものごとそれ自体は、それについての知識をえたところで知ることはできません。なぜなら、知識は、その人の知力におうじた知識にすぎないからです。げんかいのある知識によってとらえられたしんじつは、その知識の枠に切りとられたしんじつで、しんじつそのものではありません。

しんじつは、私たちが私たちの存在《そんざい》のみなもとに立ち戻って、それとひとつとなることによってしか知ることはできないのです。

15　おきてとしんじつ

しんじつを知らないまま神さまのおきてを守る者に、神さまは努力を与えてくれます。その人は、努力によって知識とおこないをえるでしょう。そして、その努力によって獄火《ごくか》から守られます。

でも、その努力は、じつは、隠れた多神教《シルク》です。なぜなら、その人は、その人じしんのところにとどまっていて、じぶんのために努力しているからです。

いっぽう、しんじつによって生きる者に、神さまは恵みを与えてくれます。

しんじつとは、天と地と、そのあいだにあるすべてのものが、それによって支えられている神さまの命令です。「あれ」という神さまのひとこと、その上にすべては在《あ》るということです。

しんじつによって生き、おきてを守る者に、神さまは神さまの命令のしんじつを見せてくれます。

神さまが命令を発する世界、それは唯一《ゆいいつ》の世界です。その世界を知ること、それが信じるということです。それは、理性や感性によってえられるものではありません。それは、信仰によってのみ、えられるものです。

神さまの命令によって作りだされた世界は、多の世界です。そして、その世界を知るとは、おきてを知ることです。

命令は唯一で、作りだされたものはいろいろです。でも、じつは、命令と、作られたものは、ひとつです。なぜなら、作られたものは、命令が形をとったものだからです。命令は、作られたもののおもとなのです。命令はひとつで、作られたものはさまざまです。それは、神さまがほかのどんなものも遠くよせつけないほどに唯一なる御方《おかた》だからです。

ひとつの命令は、ひとつの形をとって、ひとつの作られたものをなします。そしてまた、ひとつの命令は、別の形をとって、別の作られたものをなします。ふたつの作られたものは、ひとつの命令から作られていながら、ふたつの対立しあう形を持つのです。そうして対立しあういくつもの作られたものの中で、神さまの唯一性はうかびあがるのです。

命令が形をとったものが作られたものなら、その間には似ているところがあるはずです。ところが、そこにあるのは、むしろ、くらべることのできないほどの違いです。そうして、作られたものはどれも、それにしかわからないことばで、神さまの超越《ちょうえつ》をたたえているのです。

そのことが理解できない人たちは、互いに互いをけなしあったりします。でも、そうして互いが互いに違っているということこそ、じつは、それらを作った方が、それらのさまざまなあらわれをはるかにこえた高みにいることをしめすものなのです。

おこないは、さまざまです。人には人のなすべきことがあり、私たちには私たちのなすべきことがあり、人が何をなそうと、それは私たちにはかかわりのないことです。おこないのうらにある意図もまた、さまざまです。

16 知識を求めること

神さまについての知識こそ、私たちが求めるべきものです。とはいえ、神さま以外についての知識も、じつは、みな神さまについての知識です。なぜなら、すべては神さまのひとつの命令が形をとったものだからです。

何かについて、表面にあらわれたことだけを知っても、その本質をなしているものを知らなければ、それを知ったことにはなりません。

私たちじしんの知識は、表面にとどまった知識にすぎません。ほんとうの知識は神さまの元にあります。ですから、私たちは、神さまについての知識、つまり、しんじつの知識を神さまに求めなければならないのです。

いっぽう、おきてにかんする知識は、知る必要のあることを、知る必要のあるときに求めるだけで十分です。たくさんのことを知ることは、かならずしも善いことではないのです。むしろ、知ることがかえって私たちの害になることすらあるのです。おきてにかんする知識は、それをおこなうためにあり、単なる知識のためにあるのではありません。

神さまにかんする知識がふえればふえるだけ、神さまに対するおそれの気持ちはふえ、いっそう神さまに近づき、いっそうおこないは清いものとなります。神さまのことを知った人のささげる一回のおいのりは、神さまのことをよく知らない人のささげる一千回のおいのりよりもずっと価値があるのです。

いっぽう、おきてにかんする知識は、それがおこないをともなわないものであれば、ふえればふえるだけ、ますます神さまから遠ざかり、ますます思いあがりの気持ちを強めるばかりです。人より物知りであることをじまんに思ったり、神さまのことよりも知識に心がとらわれるようになるからです。

おきてにかんする知識を持って、それを実行する人がいたとしても、その人に神さまにかんする真の知識がなければ、それは知識を実行したことにはなりません。

神さまにかんする真の知識を持たない人は、隠れた多神教《シルク》を犯しているからです。なぜなら、その人は、表向きのおきてだけを知って、すべてのものをつかさどっている神さまのほんとうの法を知らないからです。その人は、じぶんもまたその法の上に立っているこ とを知りません。それで、じぶんでじぶんを動かしていると思っています。それが隠れた多神教《シルク》なのです。

私たちは、じぶんが何者であるかを知ったとき、神さまを知り、そして、すべてのことを知るのです。そのとき、私たちはあらゆるもののうちに神さまを見いだすでしょう。

何を見ても、そこで神さまに出会うのです。

もちろん、それは神さまに形を与えることとは違います。すべてのものの中に神さまを見るからといって、神さまの超越性《ちょうえつ》がそこなわれることはありません。神さまはすべてのものの上にあらわれていますす。そして、あらわれていると同時に秘められているのです。

17　努力の人と恵みの人

しんじつを知らずにおきてだけによって立つ人は、じぶんを崇拝《すうはい》行為に追いこみ、その中にじぶんをとじこめます。それは、努力であり、ほねおりであり、ぶつかりあいです。それは手に入れるものです。

いっぽう、おきてとしんじつによって立つ人は、恵みをえます。それは、さずかりものであり、くつろぎであり、平和です。それは手に入るものです。

努力によって立つ人は、夜も昼も、神さまへの崇拝にねっちゅうします。

真の知識を持たずに崇拝行為をする人は、じぶんじしんと、じぶんのおこないと、じぶんのおこないをささげる神さまとが、同じように存在《そんざい》すると思っています。しんじつを知らない人は、何をするにしても、じぶんと、じぶんのおこないと、そして神さまと、三つをいつもいっしょに並べるのです。でも、じぶんとじぶんのおこないは作られたもので、神さまは作る方で、三つは並べられるものではないのです。

神さまからの恵みとともに立つ人には、おこないも、知識もありません。その人からあらわれる崇拝行為も、知識も、神さまからの恵みであって、その人のおこないはないのです。なぜなら、おこないがあるためにはおこないをする人が必要ですが、そのおこないをする人がそこにはいないからです。その人はいないのです。そこにいるのはただ神さまだけです。そこには「三」はありません。それこそ、「タウヒード（ただひとりの神さまだけがいること）」なのです。

しんじつを知った人のなす崇拝行為は、もはや命令として課せられたものではありません。それは、アッラーからの恵みであり、ねぎらいです。

18　神さまに至《いた》る道

神さまに至る道は三つの段階からなっています。

その第一歩は、神さまの定めたおきてを知ることです。なぜなら、私たちの動きも静止も、私たちの外面的なおこないも内面的なおこないも、おこないにはそれぞれ神さまが定めたきまりがあるからです。神さまから命じられたことをなし、神さまから禁じられたことを止めるためには、神さまのおきてを知らなければならないのです。それが、神さまに近づくための第一歩です。

でも、そこにとどまっていては、神さまからはまだ遠く離れています。私たちはその先に道を進めなければなりません。

神さまに至る道の第二歩は、神さま以外のものに頼る気持ちをすっかり捨てて、神さまだけに頼ることです。

神さまにしたがうからほうびがあり、神さまに背《そむ》くから罰《ばつ》があり、食べ物を食べるからおなかがいっぱいになり、感覚があるから感じる、と考えて、手段に頼り、それによって安心をえることは、神さまに頼る気持ちのさまたげとなります。ただし、そうした手段を駆《く》使《し》することは、それに心をあずけなければ、神さまに頼る気持ちをさまたげるものではありません。

神さまに頼るとは、すべてのことは、善いことも悪いことも、ためになることもならないことも、みな神さまが作ったものであり、神さまが存在《そんざい》させているのだということを信じることです。どんな手段も、それだけでは何の結果ももたらさないのです。

神さまを信じ、神さまに頼ること、それが神さまに至るための第二歩です。でも、そこで立ち止まっては、私たちの目的である神さまにはまだ到達《とうたつ》できません。

神さまに至る道の第三歩は、タウヒードです。タウヒードとは、存在しているのは神さまだけであり、何かが存在するとすれば、それは神さまの存在によって存在しているだけで、それじしんで存在しているわけではない、ということです。ただし、存在しているのは神さまだけだといっても、すべてが神さまの一部ということではありません。なぜなら、すべてはむなしく、ほろびるものであるのに対して、神さまはしんじつで、ゆらぎないものだからです。神さまを信じている人でも、その多くは、神さまが存在するようにほかのものも存在すると思い込んでいます。でも、それは隠れた多神《シルク》教です。

タウヒードは、しんじつの開示《かいじ》があって、はじめて知られるものです。心の目からおおいが取り除かれ、ものごとのありのままが見えてくるのです。そして、すべてが神さまによって存在し、神さまによって動き、あるいは静止していることを目撃するのです。

なお、しんじつの開示を受けた人には、ふつうは知ることのできない未来のことや、過去のことを知ることがありますが、それに気をとられることは神さまから気がそれることです。

19 理性による迷い

じぶんが神さまによって動かされているのではなく、じぶんじしんによって動いていると考える人は、理性によって迷わされ、しんじつから、つまり、天と地を作った神さまから離れていきます。

理性とは、神さまが人間に光として与えてくれたものですが、ものごとの形をとらえるための知覚です。その理性によって、神さまや預言者《よげんしゃ》や最後の日など、目に見えないことを知ろうとする人は、まちがった理解をし、じぶんでも知らないうちに迷い、そして、人をも迷わせます。

ある人に善いことを望んだとき、神さまはその人に道を示し、神さまがその人を教え導いてくれます。ところが、神さまが善いことを望まなかったときには、その人は道を示されても、心をかたくなに閉ざし、それについてかってな議論《ぎろん》をするだけで、理解すべきようには理解しません。そして、そういう人は、宗教と理性とはあいいれないものだと考え、神さまを信じる人たちを理性が狂った人たちだと考えます。

理性は、しんじつを理解するための助けとして人間に与えられたものですが、神さまの教えと導きがなければ、理性だけではしんじつをとらえることができません。神さまの助けのないところでは、理性はただ不毛《ふもう》な議論にふけり、そうして身のはめつを招くばかりです。

理性だけによってしんじつをえようとすれば、私たちはしんじつの道から足をふみはずすことになります。しんじつは神さまによって求めるべきです。神さまに求めれば、神さまは導きを恵んでくれるでしょう。神さまはみずからの手で私たちを教え導き、私たちを空《から》にして神さまの前に引き出してくれるでしょう。そのとき私たちは理性のじゅばくを解かれ、無知の闇《やみ》から救いだされるのです。

20 欲望《よくぼう》による迷い

人はまた、欲望によって迷わされ、来世のことからそれています。欲望とは、神さま以外のものに執着《しゅうちゃく》する心です。天国に入りたいと思う気持ち、火獄《かごく》から逃れたいと思う気持ち、神さまにしたがう行為をなそうとし、神さまに背《そむ》く行為を避けようとするこだわり、神さまに近づきたいという思い、これらはみな我欲《がよく》であり、神さま以外のものへの心のかたむきです。そして、それらこそ神さまから私たちを遠ざけるおおいなのです。

そのような我欲にとらわれた人は、たとえ神さまのことをわすれていないとしても、天国の最下位の住人となるでしょう。まして、その人が神さまよりほかのことに気を取られていれば、その人は獄《ごく》火《か》に永遠にとどまることになります。

神さま以外のものを愛する人は、しんじつから目と耳を封じられ、しんじつから遠ざけられます。でも、ほんとうを言えば、神さま以外のものを愛する人が愛しているのは、神さまです。なぜなら、神さま以外のものなどはないからです。そのことを知らないから、神さま以外のものを愛していると思い込んでいるのです。愛の対象はいつでも神さまで、それ以外にはありません。ただ、人はそれに気づいていないのです。

欲望によって来世を求めようとすれば、私たちは求めるものからますます外れることになります。来世は欲望によってえられるものではありません。それは、どんな状況においても、表向きも内面も、神さまにのみよって立つこと、つまり、自我《ナフス》の介入を完全に断つことによってえられるものです。なぜなら、神さまの命じることをおこなうのも、神さまの禁じることを避けるのも、じぶんの力によるものではないからです。じぶんの力で神さまの命令を守っていると考えることは、多神教《シルク》であり、神さまの命令を守らないことよりももっと深刻な罪です。

21 神さまの英知《えいち》に頼ること

神さまによって神さまに仕《つか》え、神さまによって神さまの命令を守るのでない人は、じぶんの欲望《よくぼう》によって神さまに仕えているのであり、その人は神さまのどれいではなく、じぶんの欲望のどれいです。じぶんの欲望のどれいとなった人は、神さまのことを知っていても、神さまのしんじつが見えません。神さまがその人の目をおおい、耳をふさぎ、心をかたくなにするからです。たとえその人に知識があったとしても、神さまが彼を迷わせるのです。

私たちは、じぶんの判断ではなく神さまの英知によってものごとを判断しなければなりません。じぶんの判断力に頼って、それによって判断すれば、神さまのまっすぐな道からそれていくでしょう。

反対に、神さまのおきてについて判断するときも、頭で考えて何かを決めるときも、普段のなにげない判断のときも、つまり、どんなときにも、じぶんの欲望にしたがうのではなく、神さまによって判断すれば、神さまが正しい道に導いてくれます。

神さまを見えないままに信じた人、神さまの英知と御業《みわざ》はじぶんにはわかりえないのだと心底知った人は、そうしたことについてあれこれ問わず、神さまに服《ふく》します。理解できなくても、無理にそれを知ろうとはせず、うたがわず、迷いません。神さまが教え、導いてくれるまでじっと待つのです。

そういう人は、神さまの光によってものごとを見、感じ、理解します。神さまの光とは、非在《ひざい》のうちに沈んでいたものを照らし出し、それを存在《そんざい》の場に引き出す光です。神さまの光は、ふつうの光と違って、色もなければ、くっついたり離れたりすることもありません。永遠の存在者である神さまの不動の光に浸《ひた》されて、私たちの非在はうかびあがるのです。

神さまの光によってものごとを見る人は、神さまの光を目にし、すべてのものが根本的な非在にあり、じぶんもまたその一部であることに気づきます。

22 神さまを知った人

神さまを知った人は、その人そのものが光となります。それは、神さまによって見、神さまによって聞き、神さまによって輝き、血の一滴に至《いた》るまで、また骨のすみずみまで、神さまによって立つということです。神さまを知った人は、その人じしん光となり、すべてのものもまた光となるのです。その人が足場とする光そのものに、その人がなってしまうのです。

神さまを見えないままに信じた人は、神さまの光でものを見ますが、神さまを知った人は、神さまによって神さまを目にします。神さまを知った人の目には、神さま以外のものはうつらないからです。神さまが立ちふさがり、神さま以外のものは見えないのです。

何を見ても、その向こうに神さまがすけて見える人、その人は神さまを知った人ですが、何を見てもその前に神さまが立ちふさがって見える人のほうが、さらに上です。

さらに、何を見てもそこに神さまを見る人は、その何かによって神さまを目にすることを妨《さまた》げられず、また、神さまによってその何かを目にすることも妨げられません。その人は、神さまによって神さまを見、作られたものによって作られたものを見、そして、神さまによって作られたものを見、作られたものによって神さまを見るのです。

23 神さまのしるし

神さまを見えないままに信じた人は、地平線の向こうに神さまのしるしを目にします。でも、「じぶん」というおおいの前に立ち止まっているため、じぶんのうちに神さまのしるしがあることには気づいていません。その人は、さまざまな考えに振り回されることから脱し、神さまについての確かな知識をえていますが、じぶんじしんにとどまっているため、じぶんの中に神さまのしるしを見いだせずにいるのです。じぶんじしんからぬけださないかぎり、神さまのしんじつは知ることができません。

じぶんじしんにとどまっている人に、神さまは、これをせよ、これはしてはならない、と命令を出します。なぜなら、その人は、神さまのご意志のままに転じるさまざまなものごとから、じぶんを切り離して考えているからです。じぶんにじぶんを課しているから、それで神さまも命令を課すのです。じぶんで立っていると思うから、これをせよ、とか、これはしてはならない、という神さまの命令に苦痛と困難を覚え、じぶんじしんの中でじぶんとじぶんがぶつかり合うのです。

そういう人は、来世では、神さまから清算を受け、おこないが秤《はかり》にかけられ、おそろしい思いで火獄《かごく》の上にかかった橋をわたり、身の縮む思いでおこないの書を受け取るでしょう。

いっぽう、地平線の向こうに神さまのしるしを見るように、じぶんじしんのうちにも神さまのしるしを見る人は、神さまこそしんじつであると知り、その前にすっかりじぶんじしんを消しさります。そのとき、神さまは、その人のことを引き受け、外面も内面もそっくりその人のことを思いのままにします。そうなれば、神さまの命令は義務として課せられたものではなくなります。その人が神さまの命令にしたがうことも、背《そむ》くことも、みな神さまが決めたままに起こるだけのこととなります。すべてのものは神さまのご意志のままに生起《せいき》していますが、その人もまた、その一部となるのです。その人が神さまの命令にしたがうのも背くのも、神さまにされるがままですから、義務も苦難もありません。

そういう人は、来世では、清算なしに楽園に入り、おこないは秤にかけられることなく、気づかないうちに橋をわたり、悲しむことなくおこないの書を受け取るでしょう。神さまに守られた者には、不安も悲しみもないのです。

24　神さまを求める人

神さまが身柄を引き受け、味方となるのは、すっかりじぶんから消えさった人だけです。その人にはもはや動きも、静止も、存在《そんざい》も、神さまによらずには何も残っていません。そして、そのとき、神さまは、神さまのしんじつによって、その人を真に存在させるのです。そうでない人は、神さまに敵対する自我《ナフス》によって支配されます。私たちは、じぶんの自我《ナフス》に敵対しなければなりません。自我《ナフス》と闘った人は救われ、それにしたがった人はほろびるのです。じぶんじしんによっておおいをかけられ、見えないままに信じる人は、神さまだけでなく、じぶんも存在すると考えます。神さまの恵みがじぶんに降り注がれ、神さまのご意志にじぶんがそわせられていることに気づいていないのです。

そういう人は、神さまを求めます。求める人は、求めるものの大きさに応じて、その求める気持ちも大きくなり、それだけつらいものとなります。ですから、神さまを求める人は、神さまが大きいだけに、つらさもまたいっそう大きなものとなります。

だれもが神さまを求めていますが、それに気づかず、何か別のものを求めていると思っています。なぜなら、ほんとうのところは神さましか存在しないからです。

自我《ナフス》が消えさった人は、すべてのもののうちに神さまを見いだします。すべてのものが消えさり、ほろびゆくものであることを目にし、じぶんがいつでも神さまを、それに気づいていないときでさえ、求めていたことに気づきます。

いっぽう、自我《ナフス》がそばにとどまっている人は、すべてを目にしますが、決して神さまを見いだせません。そのため、じぶんが神さまを求めていることにすら、気づかないでいるのです。

25　神さまから求められる人

あなたがじぶんから消えさったとき――そのとき、あなたは、あなたではなく、あなたのうちにある神さまのしるしを目にし、それに目をうばわれ、あなたじしんから離れ出るのです――あなたは求める人ではなく、求められる人となります。

でも、じぶんから消えさるといっても、じぶんで望んで、じぶんの意志でそうなるのではありません。神さまが望んだとき、神さまがあなたをそのようにするのです。神さまが慈悲《じひ》を注ごうと望んだとき、それを止めることはだれにもできません。また、逆に神さまが慈悲を取り上げようと望んだときには、だれもそれをもたらすことはできないのです。

じぶんから消えさるとき、あなたは神さまに求められた人です。

神さまは、あなたを望んだから、あなたをあなたから消しさったのです。神さまはあなたを恩寵《おんちょう》で包み、あなたをごじしんの許《もと》にぐいと引き寄せたのです。神さまはモーセに言いました、「われは、われじしんのものにおまえを作り上げた」（クルアーン第二〇章四一節）。

じぶんから消えさり、神さまの許にとどまった人は、神さまに仕《つか》える行為をいといません。いっぽう、じぶんにとどまった人は、それをいといます。じぶんを神さまと並べ、思いあがっているからです。

26 目撃者となること

じぶんがじぶんで存在《そんざい》すると思っている人は、じぶんというおおいによって神さまからへだてられ、それで神さまが見えず、見えないままに神さまを信じています。

神さまがいることを、いつでもどんなときにもはっきりと知るためには、じぶんをじぶんから消さなければなりません。

じぶんがじぶんで存在しているという思い込みから目がさめた人は、じぶんがずっと前から神さまによって存在していたけれど、それに気づいていなかったのだということに気づきます。気づいていなかったから、見えないままに神さまを信じるだけにとどまり、神さまの目撃証言をこばんでいたのです。

神さまによって存在するという、ほんとうのありかたに気づいた人は、神さまを見えないままに信じると同時に、その目撃者となります。

目撃証人となった人は、目にしたことについて語ることが義務となります。見たことを隠し、それについて黙っていることは罪になるのです。

27 神さまそのものによって支えられること

すべてのものを動かす神さまの命令によって動かされながら、じぶんじしんにとどまり、命令の場を目にすることのない人は、神さまを見えないままに信じる人です。いっぽう、命令を支配する神さまによって動かされる人こそ、神さまを知った人です。このふたりの間には、大きな違いがあります。

神さまの命令によって支えられ、それに気づかない人は、打ち負かされています。神さまが上から押さえつけているのです。いっぽう、神さまによって支えられた人は、押さえつけられてはいません。神さまの命令こそがすべての被造物《ひぞうぶつ》を支えるものですが、それは神さまの一側面にすぎず、神さまそのものではありません。神さまそのものに支えられた人は、神さまの一側面に支えられた人よりも一段上なのです。

神さまそのものに支えられるとは、どういうことでしょうか。

それは、私たちがじぶんじしんから消え、神さまの多くの特徴《とくちょう》の海にどっぷりと身をしずめ、神さまのさまざまな名前の大波にさらわれて、神さまそのものの岸辺に打ち上げられるということです。

神さまそのものの岸辺に打ち上げられた人は、そのとき、じぶんじしんよりも神さまを選びとったのであり、神さまがその人の場にとってかわっているのです。神さまそのものが前面に立ち、その人は神さまに満たされ、神さまがその人そのものとなるのです。

28

神さまの命令によって立つことと、神さまによって立つこと

神さまの命令によって立つ人は、神さまのとくちょうに支えられ、神さまの名前に支えられた人で、そういう人は人々の上に立ちます。そして人々はその人にしたがうでしょう。

そういう人にはすべてが思いどおりになります。神さまに仕《つか》えることも、知識も、糧《かて》もかんたんに手に入るでしょう。

だから、その人が神さまの命令によって立つのは、神さまのためではなく、じぶんのためです。それで、その人じしんがじぶんにきまりごとを課しているのです。

でも、それがじつは、その人を神さまから遠ざけるおおいになっています。だからこそ、その人と神さまの間にあるいろいろなことは、その人の思いどおりになるのです。その人は神さまの命令によ

って立ちますが、その命令はその人と神さまをつなぐものです。つまり、その人がやすやすとこたえる命令は、その人と、その人が目指す神さまの「あいだ」にあるのです。

神さまの命令によって立つ人の前に、ものごとは、神さまの命令にしたがって順序よく並びます。そして、その人は、それらを原因だとか結果だとか名づけます。先に来たのが原因で、後から来るのが結果です。すべてはその人のつごうのいいように運び、ものごとはその人に味方するでしょう。ほんとうはそれらは神さまの命令にしたがっているだけですが、その人は、それらがじぶんにしたがっているような気になります。

いっぽう、神さまのしんじつを目にし、神さまによって立つ人の前に、ものごとはばらばらに散り乱れています。その人は、それらを原因だとか結果だとか名づけません。すべてのものはその人にしたがいますが、それはその人にではなく、神さまにであることを、その人は知っています。それは、その人が、それらのものごとに向かって命令を発する神さまとつながっているからです。

29　忍耐

神さまに至《いた》る道の最初のステップは、忍耐です。

それは、苦しいこと、つらいことがあっても、人に不平をもらすことなく、見かけも心うちも定めに服《ふく》し、つらい思いをぐっと飲みこむことです。そして、いらだつことなく、がまんしているとすら感じないのです。

そのような心境は、神さまにむちゅうになった人でなければ、えられません。神さまにむちゅうになった人は、じぶんが逆境にいる、とか、順境にいる、とかの自覚もありません。そのような心境は、神さまの助けがあってはじめてえられるものです。

忍耐とは、神さまの望みに服すということです。なぜなら、善いことも悪いことも神さまが望み、選び、起こすのであり、神さまが望んだこと以外何も起こらないからです。

私たちがまんしてもしなくても、それでつらいことがふえるわけでも減るわけでもありません。いらだったとしても、何も変わりはしないのです。

神さまは、忍耐を与えようと決めた人に忍耐を与えます。いらだちを与えようと決めた人には、忍耐ではなくいらだちを与えます。私たちは、神さまの決めたことが起こる場にすぎないのです。神さまが望めばそれは起こり、それにあらがうことはできません。すべては神さまの命令にしたがっているのです。

30 神さまの命令

神さまは、私たちに、神さまを信じよ、と命じます。れいはいせよ、と命じます。でも、その命令にこたえて神さまを信じたり、れいはいをすることは、時のないむかしに、すでに神さまの命令によって決まっていることです。時のないはるかむかしに神さまが発した命令にこたえて、私たちは今、神さまの命令どおりにれいはいしたり、神さまの命令どおりにれいはいを怠《おこた》ったりするのです。「神さまの命令どおりに、れいはいを怠る」などという言い方を私たちはしませんが、「すべては神さまの御許《みもと》から」とか「神さまこそすべてを創った御方《おかた》」というのはそういうことです。善いことも、悪いことも、この世で起こることはすべて、時を越えたむかしに神さまがふりわけたことで、ものごとはその命令にしたがって起こり、それに反することはできません。神さまが、「あれ」と言えば、私たちにはその命令どおりに在《あ》ることしかできないのです。ただし、神さまは私たちの目からそうした命令と定めを隠しています。ですから、私たちにはそれを言いのがれに使うことはできないのです。「あれ」という命令によって、ある人は神さまを否定し、ある人はれいはいを怠ります。神さまを信じよ、れいはいせよ、という預《よ》言者《げんしゃ》を通じた神さまの命令は、「あれ」という命令が具体的なかたちをとって実現するためのきっかけにすぎず、預言者がたずさえてきた善い便りも警告も、信仰が定められた幸せな人のためにあります。信仰の否定が定められた不幸な人は、警告があろうとなかろうと、いずれにせよ信仰を否定するでしょう。彼らに警告がなされるのは、知らなかったという言いのがれを封じ、警告されたのに聞かなかったというじじつを確定するためにすぎません。

しんじつとは、この「あれ」という神さまの命令を知り、神さまにしたがう人も神さまに背《そむ》く人も、どちらもほんとうのところは神さまにしたがっているのだということを知ることです。

31　満足、そしてされるがままに

神さまに至《いた》る道の第一のステップ、忍耐のつぎにあるのは、満足です。それは、神さまが望んだことに満足し、それを心静かに受け入れることです。つまり、善いことでも、悪いことでも、なんなく受け入れて、心に無理がないことです。

そういう人に神さまは満足し、彼らも神さまに満足します。そういう人は、心おだやかで、神さまの満足だけを求め、神さまに満足していますが、彼らが神さまに満足しているというのは、じつは、神さまが彼らに満足しているということなのです。

神さまがお望みになることは、すべて善いことです。そして、人は、善いことにしか満足しないものなのです。

人のたましいは、そのひとつひとつが神さまの世界であり、そのそれぞれはいくつもの神さまの世界からできています。神さまのしんじつに目覚めた人の世界は、そのひとつひとつが天使からなり、それらの天使たちは神さまの神聖さをたたえています。いっぽう、神さまのことをわすれた人の世界は、さまざまなすがたかたちで動き回る悪霊《シャイターン》からなっています。そこでは天使たちにくさりにつながれていますが、つながれた状態で神さまをたたえ、その讃美《さんび》のひとつひとつから天使が生み出されています。

さて、忍耐と満足のステップをへて、最後に行きつくステップは、神さまのお望みのままにあることです。そこには、忍耐も満足もありません。この最後のステップに行きついた人には、何かこまったことがあって、それに耐えるということもなければ、何かうれしいことがあって、それに喜ぶということもないのです。どちらも神さまが時をこえたむかしに決めたことにそって起こっただけのことだからです。

その人からはその人じしんのとくちょうは消えさり、そこには神さまのとくちょうがあらわれるでしょう。

32　知識と行為

知識と行為は、神さまに至《いた》るための通り道です。知識とは、神さまが何を命じ、何を禁じているかにかんする知識、何を信じるべきかにかんする知識です。それらを知ることは、行為への一歩です。行為とは、まず、そうした神さまに至るための知識をえようと努力することです。

知識は行為につながっています。知識を持った人には、かならずその知識にもとづいた行為があるのです。

信じることも行為のひとつです。たとえば、姦通《かんつう》が禁じられていると知った人にとって、それを避けることは知識にもとづいたひとつの行為ですが、それが禁じられていると確信することもまた、ひとつの行為です。

禁じられている姦通を、禁じられていると知りながら犯したとしても、だからといってそれが禁じられているというその人の確信がうしなわれるわけではありません。それが禁じられていると信じることは、それを避けることよりもっと大切なことです。なぜなら、禁じられたことを避けるのは手足による行為ですが、それが禁じられていると信じることは心の行為で、その確信を失うことは、神さまを否定することだからです。

手足の行為にしっぱいしたとしても、それが知識をそこねるわけではありません。でも、神さまが何を禁じているかを知っていながら、その禁止を信じない人、つまり、知識に心の行為をそわせない人は、何も知らないで偶像《ぐうぞう》に仕《つか》えている人よりももっと悪いのです。

33 行為と知識

神さまが何を命じ、何を禁じているかを知ってそれを信じ、その知識にもとづいた行為を、神さまだけを目指しておこなうことは、さらなる知識、つまり、真の知識である神さまの知識に至《いた》る通り道です。神さまから送られた御使《みつか》いによってもたらされた知識にもとづいて行動する人に、神さまは、神さまの御許《みもと》からちょくせつに、神さまに至る知識を与えてくれるのです。

神さまが決めたきそくにかんする知識は、学ぶことによってえられますが、神さまからの知識は、学んでえられるものではありません。なぜなら、それは神さまごじしんにかんする知識だからです。

確かに、神さまにかんする知識には、学んでえられるものもあります。でも、それは、目の見えない人が、色とはどんなものかを教わって知るようなものです。その人にできることは、目の見える人からの説明をそのまま信じて受け入れることだけで、ほんとうに知ることはできません。神さまについても同じです。神さまの御使いの言うことを信じて、神さまのことを知ったとしても、その人は、ほんとうのところは神さまのことをまるで知らないのです。知らない神さまについて頭でいろいろ考え、じぶんかってに理解したとすれば、その人は正しい道から外れたことになります。それは御使いの伝えた知識にもとづくものではありません。

そのようなものと、神さまによって明かされた、あらゆるもののうちにあらわれた神さまのしんじつにかんする神さまの御許からの知識は、まったく別のものです。

34 学んでえた知識と与えられた知識

神さまのほんしつにかかわる知識の持ち主は、預言者《よげんしゃ》たちの相続人です。

預言者たちの知識は、神さまから贈り物として与えられた知識であり、学んでえられたものではありません。いっぽう、神さまのおきてにかんする知識は、それも預言者たちの知識ではあるのですが、人から人に教え伝えられ、教わることによってえられるものです。

神さまそのものの知識は、人の仲介《ちゅうかい》なしに神さまからちょくせつに与えられるもので、だれもがそれを手にするわけではありません。それは、神さまによって生き、じぶんを捨てて神さまに身をあずけ、内面も外面もじぶんじしんによってではなく神さまによって立つ人にだけ、与えられるものです。

その知識は、決して死ぬことのない生きた神さまから、決して死ぬことのない生きた人に与えられる知識なのです。

学んでえた知識を持った人は、預言者の知識の単なる運び手にすぎず、ほんとうに知った人ではありません。神さまそのものの知識を持った人こそ、ほんとうの意味で「知った人」なのです。なぜなら、その知識はその人がじぶんでえたものではなく、神さまから与えられた神さまの知識だからです。

クルアーンの中に、「アッラーのしもべのうち学者たちこそが彼を畏怖《いふ》する」ということばがありますが、ここで言われる「学者」とは、神さまからの開示《かいじ》によって神さまを知った人たちのことです。神さまを知らない人に、どうやって神さまをあがめおそれることができるでしょうか。

35　じぶんじしんを知ること

勉学による知識はじぶんで学んで身につける知識ですが、じぶんが何者であるかにかんする知識は、学んでえられるものではなく、与えられて悟るものです。

「おのれを知った者はおのれの主を知ったのである」という預言者《よげんしゃ》のことばがありますが、どうしたらじぶんを知ることはできるのでしょうか。

知識は行為への道ですが、行為はさらなる知識への道です。勉学によってえた知識にしたがって行為をなす人は、それによってじぶんじしんが何者かを知るのです。つまり、勉学による知識がじぶんじしんの知につながっているのです。私たちが学ぶのは、じぶんじしんを知るためなのです。私たちが学ぶ目的はそこにあるのです。

神さまの御許《みもと》からの知識は、神さまを知る通り道です。なぜなら、神さまのほかに神さまのことを知るものはないからです。

神さまは、神さまの御許からの知識を、それを与えようと望んだ人に与えます。いっぽう、神さまが私たちに学ぶように命じる知識は、神さまを知ることはできないという私たちのげんかいを私たちに気づかせるためのものです。そこで私たちは立ち止まって、神さまに対してじぶんがどうふるまうべきなのか、神さまをどのようにおそれたらいいのかを学びます。そして、神さまに対してふるまうべき態度を身につけ、神さまに対して持つべきおそれの気持ちを持ったとき、神さまはその人に、その人が何者かを教えてくれるでしょう。そのとき私たちはじぶんが何者かを、じぶんじしんによってではなく、神さまによって知るのです。

36　神さまに至《いた》る六つの道

神さまの御許《みもと》から与えられた知識によって神さまを知った人には、それまで見えなかったものが見えてきます。その人からは、うたがいや迷いのおおいが取り除かれるからです。

神さまのしんじつが明らかにされた人は、そのしんじつの中に消えさり、しもべであるじぶんも、それ以外のものも、すべて消えてなくなります。そこにあるのは、しんじつなる御方《おかた》だけとなります。

それこそが神さまに到達《とうたつ》するということです。

神さまに至る道には、六つの段階があります。

まず第一は、神さまの決めたきまりにかんする知識で、それは学びとるものです。

第二は、その知識にもとづいたおこないです。それは神さまだけを目指したものでなければなりません。また、そこにじぶんかってなやり方をまぜることがあってもなりません。

第三は、神さまだけを目指したおこないの結果として神さまから与えられる、神さまの御許からの知識です。それは努力してえられるものではなく、神さまからの助けによるものです。神さまの助けによって、その人は神さまにぐいと引き寄せられるのです。きまりにかんする知識をえることや、それにしたがったおこないをすることは地道な積み上げですが、神さまの御許からの知識は、一度にふいっとやって来るものです。それはめったに起こることではなく、どうしたらえられるという法則性もありません。知識と行為を汲《く》み尽くしたすえに、神さまにぐいと引き寄せられるのです。

第四は、神さまを知ること、第五は、神さまのしんじつがさまざまなあらわれにおいてあらわれることです。そして、第六は、理性でとらえるあらゆるもの、感覚で感じ取るあらゆるものに対して消えさることです。そのとき、個々のたましいのこんせきは消えてなくなっているでしょう。

37　愛すること、愛されること

他人から解放されたものの、じぶんじしんから解放されていない人は、まだ愛される人ではなく、愛する人です。

クルアーンの中に「彼が愛し給い、また彼らも彼を愛する」（第五章五四節）ということばがありますが、元にあるのは神さまの私たちに対する愛です。私たちは神さまを愛しますが、それは神さまが私たちを愛しているからであって、私たちが神さまを愛するのはその結果にほかなりません。

神さまのことから気がそれ、他人のことに気を取られているかぎり、人はじぶんじしんにとらわれていますが、他人というおおいが取り除かれると、他人に気を取られることがなくなります。すると、その人は神さまのじぶんへの愛をよくよく思いしり、じぶんのうちにも神さまへの愛があることに気づき、神さまを愛するようになります。

すると、神さまは、その人に、すべてのものごとのひみつを明かしてくれるでしょう。神さまの愛の中に身を沈め、消えさった人に、神さまはごじしんを明かし、その人は、神さまがじぶんを愛してくれていること、つまり、愛しているのは私たちではなく、神さまなのだということを知ります。

言ってみるなら、太陽が私たちを愛していることに気づくようなものです。太陽は星々の上にその輝きをあらわし、私たちは星々の輝きを愛しますが、それは実際には私たちを愛する太陽の光にほかなりません。こうして私たちは神さまに至《いた》り、神さまの前におもむくのです。

38 正しい人、心ある人

じぶんじしんを神さまへの愛の中で消しさらないかぎり、その人にとって神さまの顔はおおいにかけられたままで、神さまに至《いた》るとびらが開かれることはありません。

たとえ神さま以外のすべてから消えさったとしても、じぶんの中にじぶんじしんがちょっとでも残っていては、神さまのひみつは明かされないのです。

あなたがじぶんの中に残ったじぶんじしんまでも消しさってしまおうとすれば、神さまはその努力を手助けし、ついにはじぶんじしんからも消えさるでしょう。そのときはじめて、あなたは神さまにふさわしいよう正された人となります。

神さまにふさわしい人となったあなたには神さまが寄り添い、神さまが万事うけおってくれます。神さまにふさわしい人とならないかぎり、神さまは寄り添ってはくれません。

さて、神さまにふさわしく正された人の反対は、正しい道から外れた人です。それは、神さまがいながら、その神さまに並べてじぶんを置き、じぶんをよりどころとした人です。

私たちは、神さまをよりどころにするよう正しい本性を与えられて生まれてきます。

ところが、じぶんの手であれをしたりこれをしたりするうちに、いつのまにかその正しい本性をだいなしにしてしまうのです。心がだいなしになれば、体もだいなしになります。

自我《ナフス》にとらわれた人は、何を見てもそこに神さまからのしるしを見てとることができません。

そこに神さまからのしるしを見てとることができるのは、心ある人だけです。

それは、自我《ナフス》ではなく、神さまをよりどころにする人です。その人に神さまは、神さまのひみつを明け渡してくれます。私たちは、そして、私たち以外のどんなものも、そのひみつによって神さまから生まれ出ているのです。そのひみつとは、あらわれたもののうちに隠れた、もっとも聖なる神さまの本質です。

そのひみつが託されたとき、目にかけられたおおいは取りのぞかれ、「神さまと私」というふたつのものに隠れていた神さまの唯一《ゆいいつ》性はあきらかになります。

39 タウヒードの完成

神さまに至《いた》る道をたどる私たちに、じぶんのものと呼ぶような動きが、心の動きにしろ、体の動きにしろ、残らずなくなったとき、そのとき私たちは、ちょうど中を水が流れる雨どいのようなものとなります。何もないところから生じ、何もないところに帰っていくさまざまな動きが、じぶんの中を通り過ぎるにまかせ、いっさい手出ししないのです。

じぶんの心と体の動きをじぶんのものと呼ぶのはごく当たり前のことで、そこから脱するには神さまの助けが不可欠です。神さまの助けによって、じぶんの動きをすっかりなくしたとき、私たちはじぶんじしんのうちに、神さまのはたらきを目にします。じぶんによってではなく、神さまによってじぶんが動くのを見るのです。そのとき、神さまについてのゆらぎない信仰は、完全なものとなるでしょう。

そのとき、そこには私の存在《そんざい》は、もはや何も残っていません。お酒がお酢に変わったとき、そこにお酒は一滴も残っていないのと同じです。けがれたお酒はなくなって、清らかなお酢があるだけです。見た目には同じ液体でも、そのとくちょうは別のものにすっかり変わっているのです。そこにはもう、欠点だらけの私はいません。いるのは、完全な性質をそなえた神さまだけです。いるのは、神さまを見つめる神さまです。そのときこそタウヒード、つまり神さまを唯一《ゆいいつ》の御方《おかた》とすることは完成するのです。タウヒードとは、私も、私以外のどんなものも存在せず、存在するのはただ神さまだけだということです。

神さまを唯一の御方とするそのときに、そこに私がいるとすれば、その私はタウヒードの完成をじゃまするものです。私がいなくなって、はじめてタウヒードは完成するのです。

40 心の人

心が光にとりまかれた内面の人、それはものごとのしんじつを明かされた人です。そのような人は、至《いた》るところで神さまを確信します。どんなときにも、その人から神さまがいなくなることはありません。心の人は、その心のうちで、神さまによって神さまを見つめているのです。そういう人の心は、何を見ても、そこに神さまを見ることができます。ちょうど、その人の目が、神さまによって作られたもののさまざまな形のうちに、神さまのあらわれを見ることができるようにです。

内面によってものごとを見る人は、ものごとの内側にあるもの、つまり神さまの御顔《みかお》を見るのです。いっぽう、外面によってものごとを見る人は、いずれこわれてなくなる外側を見ているにすぎません。この世の外側だけを見る人は、来世のことを知りません。この世の外側にあらわれたものしか見ない人は、来世で、神さまだけがしんじつであり、この世のすべては神さまから気をそらす神さま以外のものであったことに気づくでしょう。

この世にあるものは神さまと並ぼうとするものばかりですが、来世では、神さまと並ぼうとするものはなく、すべては神さまによってあります。ですから、この世にあるものは、神さまのことを思い出すことをのぞいて、みな、むだな気晴らしにすぎません。

神さまの御使《みつか》いのことばに、つぎのようなものがあります。「人間には三つのこと以外は禁じられている。その三つとは、射撃と乗馬と夫婦でむつみ合うことである」。射撃と乗馬は、敵を追い払い、害を取りのぞくためのものです。夫婦のむつみ合いは、子どもを残すためです。それらもみな気晴らしですが、神さまから気をそらすものではなく、神さまに支えられた気晴らしです。それ以外の、神さま以外のものをよりどころとした生活は、私たちには禁じられたものなのです。

41 死ぬ前に死ぬこと

神さま以外のものをよりどころとした現世の生活は禁じられたものであり、そのような現世よりは来世のほうがずっとすばらしく、永遠につづくものです。

いっぽう、神さまをよりどころにした生活は、もはや現世ではありません。すでにそれは、決しておわることのない永遠の生活です。ただ、そこに住んでいる人が、あるところから別のところに移るだけのことです。なぜなら、その人はあらゆるもののうちに神さまを見ているからです。

欲望《よくぼう》や悪のゆうわくという敵との戦いにおいて、神さまへの愛のうちにじぶんの自我《ナフス》を殺した人、その人こそ、神さまの元に戻った人です。

神さまの御使《みつか》いのことばに、「死ぬ前に死になさい」というものがあります。避けられない死がおとずれる前に、じぶんから進んで死になさい、ということです。そのような死を選ばない人はみな、神さまから気をそらすものでしかない気晴らしの現世によって神さまのしんじつをおおい隠した人です。

死ぬ前に死んだ人は、神さまへの信仰のあかしとして死んだ殉教者《シャヒード》であり、気晴らしや娯楽にうつつをぬかしている人たちをよそに、神さまの地において、永遠の生を生きているのです。

42
確信の人と信仰の人、そして、その心にゆらぎが生じるとき

神さまの命令や禁止にかんする知識に深く通じていたとしても、じぶんじしんやじぶんの体によって神さまのしんじつから気がそれ、しんじつからおおわれた人は、神さまの命令を果たすにも、神さまの禁止を遠ざけるにも、つねにじぶんじしんをよりどころにしているのであって、神さまにしっかりと目を定めて、いのり、呼びかけているのではありません。そうではなく、じぶんじしんの許《もと》にとどまって、神さまを見えないままに信じているのです。その人の信仰は、ちょうど目の見えない人が色を信じているようなものです。そういう人は、じぶんかってに、じぶんの理性をよりどころに、神さまのほうにまなざしを向けていますが、ほんとうは神さまが見えていません。神さまによって神さまを見ていないから、神さま以外の

ものしか見えないのです。そういう人は、遠いところから神さまに呼びかけているだけで、少しでも神さまから離れれば、たちまち神さまの恩をわすれてしまいます。そういう人は見えないものを信じているだけであって、ものごとのすべてにおいて神さまとともにいて、神さまにゆらぎない確信を持っている心の人とは違うのです。

ただし、心の人にも、神さまに由来しない内的、あるいは外的な動きが起こることがあり、そんなときには確信にゆらぎが生じます。というのも、その人はそのとき、ほんとうは神さまのものである心をじぶんじしんの許に引き寄せてしまっているからです。

逆に、何ごとであれ、それを見つめる心に神さまの目撃以外のどんなものもよぎることなく、ただ、ひたすら神さまによって神さまだけを見つめるとき、その人の確信はまったきものとなります。そのとき、その人の目には神さま以外のものは何も見えず、神さまのしんじつしか見えなくなります。そのとき、その人はあらゆるものを、じぶんの目によってではなく、しんじつの目によって見ているのです。

いっぽう、信仰の人は、神さまの命令によらない動きが起こったときに、信仰にゆらぎが生じます。その人はそのとき神さまの命令ではなく、じぶんじしんにしたがって心が動いたことに気づきます。逆に、じぶんじしんではなく、神さまの命令によって心が動いたと感じたとき——すべてのものごとは、私たちが意識しようとしまいと、じつのところは神さまの命令によって動いているのですが——そのものごとを神さまの命令以外のものに由来づけることを止めたがゆえに、その人の信仰はまったきものとなるのです。

43　確信の人と信仰の人

神さまを確信した人の心に、その人じしんによる動きはありません。なぜなら、その人はその人のところにはいないからです。その人は神さまの許《もと》にいて、そこにいるのは神さまだけだからです。ですから、その人の確信にゆらぎはまったくありません。その確信にゆらぎが生じるのは、その人の心に動きが生まれたときです。そのとき、その人はじぶんのところに戻ってしまっているのです。

いっぽう、信仰の人の心は動いたり、動きを止めたりします。なぜなら、その人はその人じしんのところにいるからです。もちろん、その人は神さまを信じていますから、動くのも静止するのも、じぶんじしんによってではなく、神さまの命令によっています。そして、その人の心の動きに神さまの命令によらない動きが起こったとき、その人の信仰は不完全なものとなります。そのときその人は、じぶんの存在《そんざい》が神さまの命令によって支えられていることをわすれて、じぶんじしんで支えているような気になっているからです。神さまの命令にしたがって動くかぎり、その人の信仰は完全です。その人は、信仰者としてあるべきままに、神さまの命令によって立つすべてのものの流れにじぶんじしんをゆだねているからです。

神さまだけを見つめ、神さまだけが存在していることを目にする人の心に、神さま以外のものがよぎったとき、それは神さまに対する反逆であり、神さまに対する不信仰《クフル》です。なぜなら、不信仰《クフル》とは、神さまのしんじつをおおい隠すことであり、神さまだけを見つめる人にとっては、どんなものにおいても神さまがおおわれることなくすっかりあらわれているからです。ですから、ほんの少しでも神さまがおおわれれば、それは神さまに対する不信仰《クフル》におちいったにひとしいのです。

44 天使たちがアーダムへの跪拝《きはい》の向こうに見ていたもの

神さまは、私たちのそれぞれに、それぞれの能力にあったものを背負わせます。私たちのだれにも、背負える以上のことをつとめとして課すことはないのです。

神さまは、悪霊《シャイターン》の父祖である悪魔イブリースと天使をためそうと、最初の人間アーダムに向かって平伏《へいふく》するよう彼らに命じました。イブリースは幽精《ジン》のなかまでしたが、天使の間に立ち交じって確信の境地をえているようにふるまっていました。「もし、おまえたちがわれにゆらぎない確信を持ち、どんなもののうちにもわれを見つめ、どんな表面にあらわれたことにおいてもわれに反対しないのであれば、この新たにあらわれたものに向かって平伏し、その確信がほんものであることを明らかにしてみせよ」。それが神さまが求めたところでした。

するると、天使たちはいっせいに、アーダムというこの作られたおおいを通して、その向こうにあらわれた神さまに向かって平伏しました。こうして天使たちは、彼らが確かに確信の境地にあることを明らかにしました。彼らは神さまを見つめることにむちゅうで、神さま以外のものが目に入っていないことをみごと証明してみせたのです。

いっぽうイブリースは、じぶんが確信の境地にあることを天使たちに強調し、それを彼らに教える立場にあるかのようにふるまっていましたが、「アーダムに向かって平伏せよ」という命令をこばみました。それは、彼がじつはその境地に達していないこと、つまり、神さまだけを見つめることから気持ちがそれていたことを明らかにするものでした。

「この私が、あなたが泥《どろ》から創った者に向かって平伏するのですか」、そうイブリースは言い返しましたが、実際に彼が平伏を命じられたのはアーダムに向かってではなかったのです。そうではなく、あらゆるもののうちにあらわれた神さまに向かって、だったのでした。

もしイブリースが、ほんとうに彼が言うように神さましか見えない境地にあったとすれば、天使たちのように神さまの命令に応えていたでしょう。こうして神さまは、イブリースが口で言っていたことがほんとうではなかったことを、じぶんじしんの行為によって明らかにさせたのでした。

45 見えないままに神さまを信じる人

すべてのものごとは神さまの命令によって起こるのであり、すべてのものごとは神さま以外のもので、そのうしろに神さまがいると感じている人、それが信仰の人です。その人は、神さまを見えないままに信じているのです。

そして、あるものごとが神さまの命令によるものではないと感じることがあったとき、その人は、体を使って何か悪いことをしたわけではなくても、神さまに背《そむ》いたことになります。背いたからといって、不信仰におちいったということではありません。ただ、信仰が不完全なものとなったということです。

神さま以外のすべての存在《そんざい》が神さまの存在に支えられている、と感じることが信仰の完成ですが、神さまだけを見つめる心の人、つまり存在するのは神さまだけと知った確信の人から見れば、それは不完全です。不完全ですが、だからといって不信仰というわけではありません。ただ、ふつうの信仰深い人にとっては善いことでも、もっと近くで神さまにお仕《つか》えする人にとっては悪いこととなるものがあるということです。

46 愛の人

神さまが命じたことをおこない、神さまが禁じたことを遠ざけ、そうすることにおいてただひたすら神さまを目指す人、そういう人は、昼も夜もどんなときでも神さまをおそれる努力の人です。その努力をやめたとき、その人は罪人《つみびと》となります。たとえその人が、おそれるべき方が真の神さまであると思っていたとしてもです。そう思う気持ちすらなければ、それは不信仰です。神さまをおそれる気持ちをなくしたとき、人は、罪人か不信仰の人となるのです。

神さまをおそれるこの境地は、信仰を持った人のふつうの境地で、知識とおこないの人の境地です。

いっぽう、すべてのものを愛の目によって見る人、その人の目には、神さま以外のすべてははかなくほろびゆくものでしかなく、その人がすべてに対して向ける愛は、じつはそこにあらわれた神さまに対する愛にほかなりません。そのような愛の人は、この世のこともあの世のことも、目に見えることも見えないことも、どんなときでもすべてを神さまにすっかりおまかせした人です。

愛は、神さまの真の知識のいくつもの段階のはじまりであり、知識とおこないのいくつもの段階のおわりです。知識とおこないから愛は生まれ、愛から真の知識は生まれるのです。

知識とおこないの人は努力をします。いっぽう、愛の人は努力を捨てます。というのも、その人はじぶんの愛する方、つまり、じぶんに対しお望みのことをなし、お望みのことを決める方にすべてをおまかせするからです。もし、その人が、ほんの少しの間でも神さまにおまかせするのをやめて、じぶんで何とかしようとする気持ちを起こしたなら、その人はもはや愛の人ではなく、神さまをおそれるふつうの信仰者の境地に戻ってしまったことになるでしょう。

47 知識とおこない、愛、そして、真知

神さまのことを知った人、それは神さまへの愛の結果、神さまの真の知識をえた人であり、また、知識とおこないの結果、神さまへの愛に気づいた人のことで、つまり第三の段階に達した人です。知識とおこない、それから愛、それから真知の三段階です。

知らなければおこなうことはできず、知っておこなうことがなければ愛することはなく、愛することがなければ真知に至《いた》ることはありません。ですから、知識はおこないの条件であり、おこないは愛の条件であり、愛は真知の条件です。

「知識」とは、神さまについての知識であり、神さまの規則についての知識です。

「おこない」とは、ただ神さまだけを目指した純粋なおこないです。

「愛」とは、神さまのしんじつの愛です。
「真知」とは、神さまの真の知識です。

知識のある人のうち、どれほど多くが、神さまと神さまの規則のことを知らないことでしょう。また、神さまと神さまの規則のことを知った人のうち、どれほど多くが、それにしたがっておこなう人でないことでしょう。あるいは、せっかく知っていても、それをどのようにおこなったらいいのかわからないため、それと別のものにもとづいたおこないをしている人が、どれほど多くいることでしょう。あるいはまた、知識にもとづいておこなう人でも、どれほど多くが、そのおこないにおいて神さまだけを目指していないことでしょう。あるいは、神さまだけを目指したとしても、その状態が長続きしない人がどれほど多いことでしょう。

それでは、愛に到達《とうたつ》することはできず、神さまの真の知識に到達することはできません。また、愛する人のどれほど多くが、神さまへの愛とそれ以外のものへの愛を混同《こんどう》し、神さまへの愛をそれ以外のものへの愛だと勘違《かんちが》いしていることでしょう。また、たとえじぶんの愛が神さまへの愛だとわかっていても、愛の大きさはその愛するものをどれだけ知っているかに応じるものなので、じぶんでは気がつかないうちに神さまのしんじつをこばみ、恩をわすれ、その結果、神さまの真知を見る目を封《ふう》じられてしまうことがあるのです。

48　不在という存在《そんざい》

神さまを知った人にはじぶんからの動きはありません。神さまを愛したとき、その人は努力をやめ、神さまを真に知ったとき、その人は神さまにおまかせすることすらやめるのです。その人には努力しようという気持ちも、おまかせしようという気持ちもなく、ただただ静けさがあるばかりです。

その静かな状態がゆらいだとき、その人は愛の境地に戻り、そのときじぶんからの動きがいっさいなくなった真知の境地は失われます。

神さまによって存在する人は、じぶんじしんを失っているのです。その人の神さまによる存在が、その人のその人による存在を消しさってしまうからです。ですから、動きもなければ、静止もありません。この消滅の境地においては、動きがなくなると同時に、静止もなくなり、そこに真の存在である神さまが立ちあらわれるのです。つまり、それは不在という存在です。これが神さまに至《いた》る究極の境地です。この不在を手放したとき、その人は真知の境地に戻ります。

49　神さまをおそれ、神さまを愛し、神さまを知り、そして、ついには神さまにおいて消滅すること

神さまをおそれる人には、落ち着きがありません。神さまをおそれ、神さまの命じることを守り、神さまの禁じることを避けようと常に心をくだき、心も体も休まるときがないからです。

神さまを愛する人には、決意はなく、弱さもありません。どんなときも、愛する神さまにおまかせし、神さまがじぶんに善かれと望んだことだけを望むからです。

神さまを知った人には、いっさい動きはありません。神さまの力に押さえ込まれて、じっとしているからです。

神さまにおいて消滅した人には、存在《そんざい》はありません。そこにいるのは、神さまおひとりだからです。

神さまをおそれる人は、そのおそれる神さまのお喜びを求めるこ

とにむちゅうです。

神さまを愛する人は、愛する神さまにおまかせすることにむちゅうです。

神さまを知った人は、知った神さまに向かってじっと身をひそめることにむちゅうです。

存在する人は、じぶんを存在させた神さまの存在の中に消滅することにむちゅうです。

そして、そのうしろには神さまがいて、しっかりとそれらの人々を取り囲んでいるのです。

50 神さまの愛

神さまの愛は、あらゆるものの中にあります。私たちの中にも見出されるはずです。あるのに見えないのは、その愛がいろいろなものによって隠されてしまっているからです。神さま以外のものに気を取られ、神さま以外のものに頼ることによって、心のかがみが汚れてしまっているからです。

心のかがみが磨かれ、汚れから清められたなら、神さまの愛を隠しているいろいろなものは消えさり、そこに愛はあらわれるでしょう。

神さまの愛は、神さまへのゆらぎない確信をえて、はじめてわかるものです。神さまの存在《そんざい》をはっきりと知ったとき、心の目からおおいが取りあげられ、心をまどわしていたさまざまなものの形は消えます。すると、「私、私」という思いがいっぱいにつまっていた心はまっさらな心となり、神さまの息吹《いぶき》となり、そこにあるのは神さまの命令だけとなるでしょう。

そうして、すべてのものごとは神さまの元に返されるのです。そして、そのとき、神さまの愛は私の中にあらわれるでしょう。そのとき、私はすでに消えさっていて、神さまの愛は、神さまから出て神さまに向かうばかりです。

それこそがほんとうの宗教で、それ以外には宗教はないのです。

51 神さまを愛すること

神さまをほんとうに愛したなら、その人の心にはじぶんじしんのほか何も残っていないでしょう。ただし、じぶんと言っても、そのじぶんは消えさった後のじぶんです。愛は、神さまから出て、神さまに向かうばかりなのです。

神さまをほんとうに愛したなら、その人の心には愛する神さまのほか何も残っていないでしょう。

じぶんじしんのほか何も残らない、と言っても、神さまのほか何も残らない、と言っても、それは同じことです。なぜなら、神さまをほんとうに愛する人は、その愛する神さまそのものとなるからです。

もし、愛する人の心に、じぶんのほか、あるいは神さまのほかに何か残っているものがあるとすれば、その愛は不完全です。なぜなら、それは、それ以外のものの存在《そんざい》を信じているということだからです。

神さまこそが存在であり、それ以外のものに存在はありません。

神さまの存在があらゆる場面においてはっきりと見えないとすれば、それは、その人の目が不完全であり、したがって、その人の愛が不完全だということです。

52 つらいときに泣くこと

つらいことが起こったとき、「ああ、これも神さまが私に与えてくださったものなのだ、これに耐えればほうびがいただけるのだ」と思って喜んだとすれば、その人はまだじぶんじしんを消しさってはいません。じぶんが神さまと並んで存在《そんざい》すると勘違いしているのです。

ほんとうに神さまの元にじぶんを消しさった人は、つらいことが起こったときには、苦しみ、悲しむのです。

神さまのことを深く知ったある人が、ある日、空腹の苦しみにたえかねて、なみだをこぼしました。それを見た人はおどろいて言いました、「あなたはおなかがすいたと言って泣くのですか」。すると、その人は言いました、「神さまが私を空腹にしたのは、私を泣かせるためだからです」。

別の人にこんな話があります。その人のひとり息子が死にました。人々がおくやみにおとずれると、その人はけらけらと笑っていました。「息子が死んだのに、どうして笑うのか」と人々はたずねました。すると、その人の答えはこうでした、「神さまが望まれたことをどうして私が喜ばずにいられようか」。

でも、悲しいことが起こったときにその人が喜んだのは、その人の敬虔《けいけん》さゆえではなく、敬虔さが足りなかったからのことでした。実際、だれよりも敬虔な私たちの預言者《よげんしゃ》は、おさない息子をなくしたとき、悲しんで泣かれました。

じぶんの欲望《よくぼう》と戦っている人にとっては、苦しみの中で喜ぶことはその人が達しうる最高の状態でしょう。でも、神さまだけを見つめ、じぶんから消えさった人にとっては、神さまが決めた自然《しぜん》の流れに身をまかせることがその人のありうべきすがたです。その人にとってはどんなものも存在しないのですから、どんなことがあっても、それにあらがって、無理することはしません。ものごとが起こるがままにまかせるのです。

自然の情《じょう》に身をまかせることは、じぶんの欲望、つまり、じぶんの自我《ナフス》にしたがうことで、それはとがめられるべきことではなかったでしょうか。

でも、神さまの導きのままに欲望にしたがうことは、まちがったことではないのです。いけないのは、神さまの導きなしに、じぶんかってにじぶんの欲望にしたがうことなのです。

53

神さまによって悲しみ、神さまによって喜ぶこと

神さまからの恵みに喜々とする人もまた、じぶんじしんのところにとどまっている人です。

なぜなら、その人には、神さまのほかにじぶんを喜ばせるものがあるということだからです。

神さまの元にじぶんを消しさった人は、神さまからの恵みを、じぶんのエゴで味わうのではなく、神さまによって味わいます。

私が、私から出たとき、私は、私の私ではなく、神さまの私となります。そうなったら、私のエゴは、もう苦しみを与えられても恵みを与えられても悲しむことも喜ぶこともなくなります。そこには、それを味わう「私」は残っていないからです。

すると神さまは、その空《から》になった「私」の中に、それらの苦しみ

や恵みが自然《しぜん》の情としてもたらす悲しみや喜びを流し込み、私はそれをエゴによってではなく神さまによって受け止めるのです。

そして、そこにあらわれた悲しみや喜びは、消えさった「私」をゆるがすことは決してないでしょう。

54 愛する人のことば

神さまのうちに消えさった人は、もはや愛する人ではありません。なぜなら、そこにはその人の愛する神さましかいないからです。そうなったら、その人にとっては、あらゆるものが愛しいものとなるでしょう。「私」じしんも愛しくてなりません。なぜなら、それらのほんとうのすがたをおおい隠していたサビは、もうそこに残っていないからです。そうして、愛は神さまの神さまごじしんに対する愛に戻るのです。

愛する人がことばを発するとき、その人の口からは息が出たり入ったりしますが、胸の深いところから出た息は、口を通って音となり、文字となり、単語をなし、ことばとなります。その発せられたことばに乗って出るのが言霊《ことだま》です。ことばとは、その人の息吹《いぶき》なのです。

愛する人のことばは英知《えいち》です。つまり、ものごとのしんじつを告げるものです。それは、ほかの人たちのことばのように、表の意味を伝えるだけのものではないのです。

英知とは、今あるものはそれ以上かんぺきなものはないほどにかんぺきであり、神さまが作られたものはすべてそのようなかんぺきさをそなえていると知っていることとです。もし、今あるものよりもかんぺきなものがあったとしたら、今あるものはかんぺきさにおいて欠けるところがあるということで、それではそれを作られた神さまに欠けるところがあるということになってしまいますが、そのようなことはありえないからです。

英知とは、すべてのものは神さまに支えられて存在《そんざい》し、そして神さまのご意志によって存在をやめるのだと知ることとですが、それは、神さまからちょくせつ教えてもらった人にしかわからないことです。神さまは、神さまの望んだ人にだけその英知を与えられるのです。

55 神さまに愛された人

神さまに愛された人は、じぶんじしんから消えさった人で、愛する人よりもさらに一段上です。なぜなら、愛する人は求める人ですが、愛される人は求められる人だからです。

求める人は、求めるものが大きければ大きいほど、疲れも大きくなります。ですから、神さまを求める人は、求めるものがとてつもなく大きいだけに、疲れも大きいでしょう。

いっぽう、求められた人は、じぶんを求めるその相手が大きければ大きいほど、えられる安らぎは大きなものとなりますから、神さまに求められた人は、その人を求める神さまがとてつもなく大きいだけに、大きな安らぎに包まれるでしょう。求める人の疲れと、求められた人の安らぎの間には大きなひらきがあります。

愛するものも、愛されるものも、ほんとうのところでは神さまに戻されます。なぜなら、神さまこそごじしんを愛し、また、ごじしんに愛される方だからです。そして、そのいずれについても、無から立ちあらわれたしるしがあり、それが「世界《アーラム》」と呼ばれるものです。つまり、世界《アラーマ》とは、世界ではないもの、つまり神さまを指し示すしるしなのです。

それゆえ、愛するものは神さまが愛する方であるがために愛し求めるのであり、愛されるものは神さまが愛される方であるがために、愛され求められるのです。ですから、愛するものと愛されるものは、どんなものの上にも、かわるがわるにあらわれます。つまり、何かを愛する人はだれも、その何かに愛されているのです。そのことを知っている人と知らない人との間には、大きな違いがあります。「言え、知った者と知らない者とが同じであろうか」（クルアーン第三九章九節）とは、このことを言うのです。

愛された人の吐息《といき》、つまり、その人の心から意味を運んで発せられたことばは、その人の望んだままを実現する力です。

愛する人は、愛する方のさまざまな様相《ようそう》を追いかけ、その美しさのこんせきをみとめることにむちゅうです。そのため、じぶんの心をむちゅうにさせるものについて語るその人のことばは、英知《えいち》となるのです。ところが、その人の心は、そうした英知のことばによって愛する方のことをわすれてしまい、そのために愛からそれ、さまざまなあらわれによって愛する方からひきはなされてしまいます。

いっぽう、愛された人は、じぶんを愛してくださる方のために、その方のとくちょうをあらわし、その美しさのこんせきを知らしめることにむちゅうであるため、その人のことばは力となり、その人が愛する方の美しさのこんせきと、完全さのかがやきを実現したいと望むたび、それはそこに見出されることとなるのです。

56　愛の人と崇拝《すうはい》行為の人（その一）

神さまに喜んでいただくために神さまに仕《つか》えること、つまり、いっしょうけんめい神さまに命じられたことをおこない、禁じられたことを遠ざけることは、すべて見返りのためのものです。つまり、それは来世でほうびをもらったり、地獄の火から救ってもらうためです。たとえ、それがそうした見返りを求めてのことではなく、ただひたすらに神さまの御顔《みかお》を目指したものであったとしても、です。

いっぽう、神さまへの愛は、神さまに近づくことを目指します。神さまに近づいたとき、人は、すべてのもののしんじつのうちに、神さまのしんじつがあらわれるのを目にするでしょう。愛は、神さまに近づくためにあります。人の心に愛が生まれたとき、その人はいろいろな形で神さまに近づいているのです。

ですから、神さまにしもべとしてお仕えすることよりも、神さまを愛することのほうがすぐれています。おこないは見返りのため、つまり、神さま以外のものを求めることですが、愛は近づきのためであり、神さまごじしんを求めることだからです。

神さまにしもべとしてお仕えすること、神さまを愛すること、このふたつは神さまの命じられたことをなし、神さまの禁じられたことを遠ざけることを通して、すべてのものがよって立つ神さまのご命令によって立つという、ひとつのおこないの上にかかわるがわるにあらわれますが、それぞれ心が目指すところにおいてことなっています。

神さまは、私たちのおこない、つまり外にあらわれたものを見ておられるのではなく、私たちの心、つまり私たちの愛を見ておられます。ですから、愛の人は、崇拝行為に精を出す人よりもすぐれているのです。

57　愛の人と崇拝《すうはい》行為の人（その二）

神さまの命令によって立つ人が、じぶんでものごとを左右しようとすることをやめたとき、その人のことは神さまが取り仕切ってくださるようになります。そうなれば、その人のなすことはみな、神さまからのものとなり、その人には「しもべの行為《イバーダ》」と呼ぶようなものは何ひとつないものとなるでしょう。

そこにあるのは、神さまからの恵みばかりです。そうして、その人は、おこないのない愛の境地に立つのです。

いっぽう、ものごとをじぶんで左右しようとすることをやめなければ、その人のなすことはその人が神さまにささげるものです。それが崇拝行為と呼ばれるものであり、その人は愛の境地からはまだ隠されています。

愛の人も、崇拝行為の人も、表向きには何の違いもなく、やっていることはひとつです。ふたりの違いをなしているのは、心のありようです。

崇拝行為の人の心の中をのぞいてみれば、その人が神さま以外のものに気を取られているのがわかるでしょう。その人には、じぶんがなしていることはほうびを受けるにふさわしいことだという要求がましい思いがあって、それが、神さまからの恵みとしての崇拝行為からその人を遠ざけています。

いっぽう、愛の人の心をのぞいてみれば、その人が神さま以外のことには見向きもしていないことがわかるでしょう。その人の心は神さまのことでいっぱいです。その人がなす崇拝行為は、どれも神さまからのその人への恵みであり、その人の愛もまた神さまからの恵みです。その人は、じぶんのおこないなど何ひとつないことを知っているのです。

すると、その人には、神さまの御許《みもと》にある恵みの宝庫から、さまざまな恵みの最良のものが与えられ、栄誉《えいよ》の服《ふく》が着せられるでしょう。愛の人は、それにおどろき、ことばをなくし、神さまにおねがいごとをすることすらわすれてしまいます。
そこで、神さまから送られた天使がその人にたずねます、「何か望むものはあるか」。
すると、その人は言うでしょう、「何も望まないことを望みます」。

58 愛の人と崇拝《すうはい》行為の人（その三）

「何も望まないことを望みます」。愛の人のこのことばを聞いた天使は、彼にどのような栄誉が与えられているかを知るでしょう。そして、彼には神さまへのお近づきという栄誉が与えられ、彼には、神さまとのしんみつな語らいが許されること以上に、ふさわしい報いはないことに気づくでしょう。なぜなら、神さまは、それ以外のどんなものも彼を喜ばせることはなく、彼にとっては神さま以外のどんなものも、消えゆくむなしいものでしかないことを知っておられるからです。

そうして、愛する人は、その愛する御方《おかた》のおそばにいる喜びをえるでしょう。その人はねがい、求めたものをえるのです。そういう人こそ、じぶんかってな思い込みではなく、神さまごじしんによって「わがしもべ」とみとめられた人です。それは、じぶんたちが神さまにささげた行為はみな神さまからのとてつもなく大きな恵みであると知っている人たちです。

そして、神さまは、神さまごじしんが彼らに恵みとして与えられたそうした行為を、彼らからの「しもべの行為《イバーダ》」とみなし、それゆえ、彼らを「わがしもべ」と呼んでくださるのです。

神さま以外のすべてを、神さまにささげる崇拝行為すら捨てて、神さま以外のどんなものにも気を取られることがなかった彼らを、神さまは、「わが愛する者」となしてくださるのです。

神さまは、彼らには服従行為と崇拝行為を恵み、神さまに背《そむ》いた者にふりかかる神さまのおいかりから彼らを守ろう、と言ってくださるでしょう。

神さまは、神さまの正しいしもべに、つまり、見かけだけでなく心のありかたにおいても、神さまのおそばにはべり、神さまとしたしく語らうにふさわしいしもべとなった者に、だれも目にしたことのないもの、だれも耳にしたことのないもの、だれにも思いつかなかったものを用意してくださっています。

だれも目にしたことのないものとは、わが目で神さまを見ること です。神さまは、その人たちに、神さまごじしんのすがたを見せてくださるのです。

そして、彼らは、かつて目にしたことのないものを見るのです。

また、彼らには、神さまからのあまい語りかけを聞かせてくださるでしょう。それが、だれも耳にしたことのないものです。

そのようなものは、見たこともなく、聞いたこともないばかりか、想像したことすらないものです。

59　神さまを見ること

神さまは、神さまの正しいしもべには、来世で神さまごじしんのすがたをあらわしてくださいます。肉体の目と心の目からおおいが取り除かれ、また、肉体の耳と霊的な耳からおもりが外されて、しもべはおのれの主である神さまを目にし、神さまの語りかけを耳にします。どんな目も見たことがなく、どんな耳も聞いたことがなく、どんな人の心にも思いついたことのないものを、目にし、耳にするのです。

それは来世においてはじめてかなうことですが、この世にいながらにして見ること、聞くことのできるあらわれもあります。神さまは、神さまの正しいしもべには、現世に生きる今、おおいを取り除いてくださり、ほかのことに気を取られ、まどわされている人が見たことのないようなもの、そういう人が聞いたことのないようなものを、目にし、耳にする恵みをくださるのです。それは、まどわされた人には想像すらおよばないものです。

とはいえ、来世で見るもの、聞くものは、現世で見るもの、聞くものよりもはるかにすばらしいものです。しもべは、この世からあの世に移ることによって、神さまを目にし、神さまの語りかけを耳にする度合いを深めるのです。そして、来世では、はてしなく、永遠にその階梯《かいてい》を上《のぼ》りつづけ、ひとつ階梯を上るたびに、前に見ていたものはおおいにすぎなかったことに気づくでしょう。そうして、つぎつぎと、はてしなく新たな開示《かいじ》がなされるのです。前に見ていたものはさらなるあらわれのおおいでしかなく、また、さらなるあらわれはその前のものを隠してしまうものなのです。

60 神さまのしもべとなること

しもべが神さまを、じぶんじしんのためではなく、神さまごじしんのために求めたとき、神さまは、かつてだれも見たことのないような神さまの美しさを見せ、かつてだれも聞いたことのないような神さまからの語りかけを聞かせてくださいます。

しもべがものごとのしんじつに気づき、何かをほしいと思う気持ちから離れ、神さまを求める気持ちからすら離れたとき、あるいは、しもべがものごとがどこに行きつくかを知り、神さまにしてはいけないと禁じられたことや、神さまに背《そむ》くことをしたいという気持ちをすっかりなくし、また、じぶんの心に生まれるどんなことも、じぶんが望むと望むまいとに関係なく、すべて神さまによって作られるのだと知って、神さまにするように命じられたことや神さまのご意志にかなったことをしようという気持ちすらもなくしたとき、そのときこそ、その人はほかのどんなもののしもべでもなく、じぶんの望むことすらもすっかり神さまにしたがった、神さまのしもべとなったのです。それが愛の人です。

　そのようになった人は、すべてのものを通じてすがたを見せてくださる神さまのほかには、どんなものもほしいとは思わず、神さまのほかには何も望むことはなくなります。そのような人は、どんなものを求めても、どんなものを望んでも、それは神さまを求め、神さまを望んでいるのです。なぜなら、すべてはいずれ消えさり、神さまの御顔《みかお》だけが残るのであり、それだけがその人にとっては望みだからです。

　完全なしもべとなった人に、神さまは、それまでは神さま以外を求める気持ちによって隠されていたじぶんじしんのことを明らかにしてくださいます。じぶんをじぶんから隠していたおおいが消えるのです。すると、こんどは、神さまを求める気持ちがおおいになって、その人はじぶんじしんから隠れてしまいます。それから、そのおおいもなくなり、その人はすっかり消えさってしまいます。神さまの唯一性《ゆいいつ》のとくちょうの中に、しもべとして完全に消えてなくなるのです。消えてなくなるとはどういうことかというと、神さまのまなざしを通してものごとを見ることによって、存在《そんざい》するという思い込みがなくなることです。

神さまは私たちのことを見ていてくださる、と言われますが、それは、神さまが私たちに代わって私たちを見てくださるということです。神さまは、義務として課された崇拝《すうはい》行為のほかにたくさんの崇拝行為をしたしもべには、神さまごじしんがその人の目となってくださるからです。

そうして、元から存在していなかったしもべは消えてなくなり、永遠のむかしから永遠の未来にまでずっと存在する神さまだけが残るのです。

61
神さまのおきては
神さまがともにおられることのしるし

神さまのおきては、きゅうくつなものです。なぜなら、私たちの自我《ナフス》は、じぶん以外のだれかが決めたきまりにしたがうことを、きゅうくつに感じるものだからです。

それでもまっすぐに神さまに向かって歩み続けた人に、神さまは、神さまのおきての元である神さまごじしんの知識を与えてくださるでしょう。神さまの啓示《けいじ》の書や、預言者《よげんしゃ》のことばの中にそれを見いだした人は、そこでくつろぎます。なぜなら、そこにはおきてにきゅうくつをおぼえるような自我《ナフス》は、もはや存在《そんざい》しないからです。神さまのしんじつを知ったとき、自我は本来の無に帰るのです。すると、人は、神さまがこうしてじぶんに語りかけてくださっているのは、神さまが永遠のむかしから、ずっとじぶんといっしょにいてくださったことを示すものだったのだと気づきます。神さまは、私たちの主《あるじ》であらせられたときからおきてを定める方であり、おきてを課される私たちは、永遠の神さまの元においてすでにしもべであったのです。

神さまからちょくせつ与えられた神さまごじしんの知識は、神さまのほんとうの知をもたらします。なぜだろう、という問いかけを私の心に生み出すのも神さまなら、それはこういうことだと答えを与えてくださるのも神さまです。神さまのほんとうの知をえた人は、神さまとの間をへだてていたおおいがやぶられるために、神さまに対して気安さをえます。そして、本来しもべなら主人に対してとてもできないような大それたことをすることがあるでしょう。そして、神さまはほかの人であれば許さないようなことも、その人に対しては大目に見てくださるでしょう。

62 ほんとうの行為者

神さまがただおひとりであるということをほんとうに味わった人の道は、愛の道です。それは、心が神さまだけをみつめ、ほかのどんなものにも目をくれず、また、どんなものを見ても目に入るのは神さまだけで、その味わいにむちゅうになることです。

そして、この、神さまへの愛のほかに宗教はなく、崇拝《すうはい》行為はないのです。

愛の人でない人たちが宗教と呼ぶもの、また、れいはいやだんじきなど崇拝行為と呼ぶものはすべて、愛の人にとっては神さまからの恵みです。私たちには神さまによるほか何の力もありません。私たちは、私たちが崇拝行為をする、というふうに言いますが、私たちに崇拝行為をさせているのは神さまであり、ほんとうの行為者は神さまおひとりなのです。

神さまに崇拝行為をささげつづけ、ついには神さまのしんじつを会得《えとく》した人は、もはや崇拝行為をする人ではありません。なぜなら崇拝行為には、神さまに崇拝行為をささげる「私」という自我が必要だからです。神さまのしんじつをえて、そのしんじつの光によって自我が消滅したとき、その人は神さまのお力の波にどんなふうにも運ばれ、それでいて静けさを保ったままとなるでしょう。その人が何か崇拝行為をするとしても、その人は崇拝行為をする人ではありません。自我にとらわれた人たちが見たら、その人が崇拝行為をしていると言うでしょうが、心の人たちの目から見れば、それはその人がしているものではありません。その人は、ただ、ずっと前からその人に定められていたところに立っているだけなのです。

愛の人には、おこないはありません。なぜなら、おこないがあるところには、なす人と、なされたものがあり、つまり三つのものがあるということになってしまうからです。それでは、神さまの唯一《ゆいいつ》性がなくなってしまいます。

ほんとうのところはこうです。神さまは私たちを作り、私たちに手足を与え、そして行動の力と意志の力を与えてくださいましたが、それと同時に、私たちのなすことすべて、それが体によるものであろうと、心によるものであろうと、すべてをまた神さまが作られたのです。

私たちがなしたものは、私たちという視点に立てば私たちのなしたものですが、じつは私たちにはおこないはなく、私たちも、私たちのおこないも、すべては神さまのおこないなのです。これは、じぶんじしんではなく、神さまに目を定めた愛の人の視点です。なぜなら、愛の人は神さまだけを見つめ、そこには自我という視点はもうないからです。じぶんのおこないというものがあるのは、神さまから目をおおわれた人たちで、愛の人には、いついかなる状態にあっても、じぶんのおこないはないのです。

63

愛

愛の道とは、神さまを見ることに心うばわれて、すべてのものからすっかり消えてなくなることです。じぶんも、じぶん以外のどんなものも、もうそこには何も残っていないのです。

行為に心をかたむけた人は、たとえその行為が神さまを一心に思ってなしたものであっても、じぶんのために努力し、それによって救いや成功を求めているのです。つまり、その人は神さまではなく、じぶんじしんの神さまからの分け前に気を取られているのです。

いっぽう、神さまへの心からの愛の中に身を置いた人は、じぶんのためではなく神さまのために努力し、神さまへの愛ゆえに神さまに仕《つか》えています。つまり、その人が神さまに仕えるのは、しもべとして仕えることによって神さまの主性をうかびあがらせるためであって、じぶんの救いや成功のためではないのです。

崇拝《すうはい》行為の人は、たえずじぶんの行為を見ています。つまり、じぶんの崇拝行為を見つめ、それを目指し、それに気を取られ、それにこだわっているのです。それはつまり、その人が神さまを見つめることをわすれ、神さまを目指し、神さまにむちゅうになり、神さまにこだわることからそれているということです。それはもちろん神さまに対して礼を欠いたものです。なぜなら、その人は愛する御《お》方《かた》よりも崇拝行為に気を取られ、崇拝行為が多いだの少ないだのにこだわり、その報いに目がうばわれているからです。

いっぽう、愛の人は、愛する御方だけを見つめ、愛する御方にむちゅうです。つまり神さまに目をうばわれ、それ以外のものからすっかり気がそれているのです。

崇拝行為にむちゅうになると、それをささげるはずの御方から気がそれてしまいますが、愛にはそのようなことはありません。というのも、愛はただひとつ、神さまからしもべへの愛のほかなく、その愛がしもべの心の中で神さまへと送り返されるだけのことだからです。神さまがしもべを愛し、そして、しもべも神さまを愛するのです。つまり、神さまにしもべに対する愛があったとき、その愛はしもべからそれることなく、しもべに向かいます。同じく、しもべのうちに神さまへの愛があったときには、それは神さまからそれることなく、神さまに向かいます。そこが愛と、しもべの側からだけの崇拝行為との違いです。

恋に狂った男の元に恋人がやってきて、「私があなたの恋人よ」と言いました。すると男は彼女に言いました、「私から去ってくれ。私はあなたに恋するあまり、あなたのことすら見えなくなった」。つまり、愛が愛する者に愛する相手のことをわすれさせたのです。やってきた恋人はもはや彼の愛の対象ではなく、彼の恋人への愛は、そこに愛をもたらした神さまのあらわれがあったがゆえの愛へとかわり、愛はそのみなもとである神さまの元へと戻ってしまったのです。恋人を愛し、恋人に焦がれていたとき、彼はじぶんの愛のしんじつに気づいていませんでしたが、彼の目からそのしんじつをおおい隠していたものが除かれたとき、隠されていた光が差し込んだのです。そこで彼は、館ではなく、館の主に向かったのです。

64 すべての動きは神さまのもの

人は、じぶんも、じぶん以外のものもみな、神さまが久遠《くおん》のむかしにご存じであったものを通して神さまがあらわれているだけであることに気づき、そうしてあらわれた神さまの存在《そんざい》以外には、じぶんもじぶん以外のどんなものも存在しないことに気づいたとき、神さまを知ります。

そうなったとき、存在するのは神さまおひとりだけとなり、じぶんもじぶん以外のどんなものも、ほかのどんなものでもなくその神さまの存在によって存在するようになります。

もちろん、それは私たちが神さまの化身になったり、神さまと一体になったりということとはまったく違うものです。

そうなったとき、私たちの吐息の一息一息、心にうかぶ神さまについての思い、神さまの唯一性《ゆいいつ》、神さまの主性についてのしんじつをことばにした一言一言は、私たちじしんの力によるものではなく、神さまごじしんによるものとなるでしょう。

神さまに近づいた人には、神さまがその人の耳となり、目となり、語る口となるからです。

なぜなら、じぶんが何者かを知ったその人に、もはやじぶんというものはないからです。

また、そうなったとき、私たちの動きはすべて、外にあらわれたものも心の中のものも、善いことも悪いことも、じぶんで選ぶものも選びようのないものも、すべてが神さまのものとなり、神さまから出たものとなり、神さまが私たちを通してあらわれたものとなります。私の存在など神さまの知識においてはまったくの無であり、私はかつて存在したことはなく、今も存在することなく、私たちと同じく作られたものはすべて存在していないのです。

いっぽう、じぶんやじぶん以外のものが、神さまの存在の外でそれじしんとして存在していると思っている人は、神さまを知らない人です。

その人は、すべてのものにあらわれる神さまのあらわれに気づいていません。

そのような人の動きは、外にあらわれたものも心の中のものも、善いことも悪いことも、じぶんで選ぶものも選びようのないものも、みなその人のものです。

なぜなら、その人は、神さまを知らないために神さまから切り離されていて、じぶんひとりで、神さまによらずして存在していると考えているからです。

また、神さまを知らない人の呼吸は、神さまを知らないために何の知も運ばないただの息の出入りにすぎません。

65 神さまに仕《つか》える人、神さまのためにがまんする人、しんじつの人

神さまに仕える人、つまり、いつでもどこでも神さまに命じられたことをなし、神さまに禁じられたことを遠ざけ、そうすることでじぶんをいやしめる人には落ち着きがありません。つまり、そういう人は神さまに仕えるために始終おおいそがしです。神さまに仕える人であり続けるためには常に心を働かせていないとならないからです。じぶんでじぶんを支えないとならないのです。

神さまのためにがまんする人、つまり、神さま以外のものから身を遠ざけ、現世ばかりか来世のことまで遠ざける人は、神さまに仕えることにいそがしい人よりは一段上ですが、そういう人には心を熱くする望みがありません。つまり、そういう人には神さま以外の何かを好きだったり、何かをほしいと思うことがなく、常に神さ

ま以外のものから身を背《そむ》けています。すべてのものを所有し、すべての力を持った神さまにお目にかかることを熱望して、夜も昼も隠れた多神教《シルク》を止めることができません。というのも、そういう人はじぶんでは神さまとともにいるつもりですが、実際にはいつもじぶんといっしょだからです。もし、その人の心の目が開いていたなら、それをがまんして遠ざけたりはしなかったでしょう。なぜなら、心の目が開いた人には、神さま以外のものなど見えないからです。

さて、しんじつの人、つまり、なすこと、言うこと、信じることにおいて誠実な人、あるいは、見ることのできないものごとでしんじつと受け入れるべきことをしんじつと受け入れた人は、神さまにひたすら仕える人や神さまのためにがまんする人よりも高い境地にあり、神さまのおそばにいっそう近づいた人です。そういう人にはあらゆることにおいて頼るものがありません。その人のよりどころはただ神さまおひとりであって、神さま以外の何かに頼ったり、じぶんじしんに頼ることはないのです。

66 神さまを知った人

神さまのことをほんとうに知った人、つまり、神さまがじぶんの主《あるじ》であり、じぶんが神さまのしもべであると知って、じぶんじしんによって立つと同時に神さまによって立つ人は、ある場所から別の場所に移ったり、ある心の状態から別の心の状態に変わるどんな力も、神さまのあらわれの外には持ち合わせていません。そのような移り変わりは、じぶんの主である神さまのあらわれの中で、じぶんじしんによって立つと同時に神さまによって立ってこそ起こるものなのです。

じぶんじしんだけによって立つ人は、隠れた多神教《シルク》を犯しています。いっぽう、神さまだけによって立つ人は、よっぱらった状態にあり、じぶんのことも神さまのこともわかっていません。

しんじつを知った人とは、神さまとじぶんじしんの両方を知った人です。その両方によって立つ人です。その人の元にはひとつのものしかありません。それでいて、その人にはふたつのあらわれがあって、そのどちらにもそれにふさわしいものを与えているのです。つまり、その人は天秤《てんびん》のふたつの皿のつりあいを取っているのです。

その人が何かに対して力を持つことがあるとすれば、それは神さまの存在《そんざい》におけるじぶんじしんの不在によってでしかありません。

また、そういう人はどんな場合においても、どんなことについても、すべてを知り尽くした神さまのあらわれであるじぶんじしんによるほか、じぶんで選ぶということがありません。

そういう人には、じぶんの望みというものもありません。つまり、神さまのあらわれであるじぶんじしんによるほか、どんなものに対しても心が惹《ひ》かれるということはないのです。

また、そういう人にはどんな動きもありません。静止もありません。表向きも、ほんとうのところも、神さまのあらわれそのものであるじぶんじしんによるほかは、どんな動きも静止もないのです。

67　神さまと親しくなった人

神さまはお望みのままにすがたをあらわすことができます。天使たちは本来のすがたとは別のすがたで人の前にあらわれることがあります。であれば、何でもできる神さまは自在にすがたをとることもおできになるでしょう。実際、審判《しんぱん》の日、神さまは人々が信じたようなすがたをとって人々の前にあらわれ、まちがって神さまをイメージしていた人々はそのまちがったイメージのままにあらわれた神さまについていく、ということも伝えられています。

さて、神さまの存在《そんざい》のあらわれの中に存在している人には、もう神さましかいません。そこにはもう何のあらわれもなく、神さまがおられるだけです。

じぶんの善いおこないがみな、しんじつなる御方《おかた》であらせられる神さまのはたらきであることに気づいた人は、神さまと親しくなったのです。そうするほか、神さまと親しい関係をむすぶことはできません。なぜなら、神さまそのものと親しくすることは無理だからです。というのも、神さまそのものを目にしたとき、その人は消えていないので、その味わいもないからです。

神さまと親しくなった人は、ほんとうのところは神さまと親しくなったのではなく、じぶんじしんと親しくなったのです。つまり、神さまがじぶんの元にあらわれたことによって、善い人となったじぶんが好きになったのです。そのことを神さまと親しくなったというふうに言うのです。

人が善いおこないをしたり、罰《ばつ》にあたいするような悪いことをなすのも、みな神さまが導いたり、迷わせたりなさるからですが、それらは神さまの知識の中のその人が持っているもののあらわれにすぎません。善いことは神さまからの恵みであり、悪いことは神さまの公正さゆえのことです。そして、神さまの知識の中でその人が持っているものとは、神さまのことです。だから、じぶんじしんを知った人は神さまを知ったのであると言われるのです。じぶんじしんを知らない人は神さまを知りません。

そうして神さまと親しくなった人は、じぶんじしんをきらい、そこに神さまのあらわれによってしか消すことのできない荒れ果てた様《さま》やかげりを見つけて、そこから逃げ出すのです。

68 神さまにむちゅうになること

表向きも内側も神さまにむちゅうになった人、つまり、神さま以外のものから身をそらし、神さまだけを見つめる人であっても、それが神さまに近づいたり、来世の高い地位をえたり、じぶんをこの世とあの世のはめつから救うためであれば、神さまはその人に神さまを見ることを禁じるでしょう。なぜなら、たとえ神さまのことに熱心でも、その人はつまらない見返りを目的としているからです。私たちは、どういう状態で死んだかに応じて来世でよみがえらされます。ですから、どんなにいっしょうけんめい神さまにしたがって生きたとしても、その目的が神さまからそれていれば、私たちは来世でも神さまを見ることはないのです。まして、神さまに背《そむ》いて生きた人には、どんな来世が待っていることでしょう。

いっぽう、神さま以外のすべてから身を離し、神さまゆえに、ただただ神さまの望むとおりになりたいがために神さまにむちゅうになった人の目を、神さまは開いてくださいます。私たちはみな、神さまのために作られました。そして、私たちを取り巻くすべてのものは私たちのために作られました。ですから、私たちは、私たちのために作られたものに気を取られて、私たちがそのために作られたものである神さまから気をそらせることがあってはならないのです。

神さまが私たちの目を開いてくださると、見るもの、聞くもの、感じ取るものすべてのうちに神さまを見出すようになります。もちろん、すべてのうちに神さまを見出すと言っても、それらの中に神さまが宿っているわけでも、すべてがそのまま神さまだというわけでもないことは言うまでもありません。

69 望みを消すこと

私たちの心から、神さまをじぶんじしんのために求める気持ちがすっかり消えてなくなったとき、神さまは私たちに真理のとびらを開いてくださいます。私たちのものごと、いえ、すべてのものごとがその上に乗っかっている、真理のとびらを開いてくださるのです。なぜなら、神さまが私たちの目となり、その目を通して私たちはものごとを見るようになるからです。

神さまが私たちの目となると、その目を通して私たちにはものごとのほんとうが見えてきますが、開かれるのは真理そのものではなくて、真理のとびらです。なぜなら真理はただひとつであり、この世のもののひとつひとつがその真理のとびらだからです。そして、真理のとびらであるものごとのほんとうが見えたとき、私たちは一のうちに多を見出し、また、多のうちに一を見出すでしょう。

神さまを望む気持ちであれ、それ以外のものを望む気持ちであれ、あるいは、善いことを望む気持ちであれ、悪いことを望む気持ちであれ、何かを望む気持ちも、望むまいとする気持ちもあなたからすっかり消えてなくなったとき、神さまはあなたに、それまでに知りえた神さまの唯一性《ゆいいつ》とは違う、ほんとうの神さまの唯一性を明かしてくださるでしょう。もはやそこには「私」はいませんから、あなたの理解による神さまの唯一性ではなく、神さまによる神さまの唯一性が実現するのです。

70

神さまによって明かされた神さまの唯一《ゆいいつ》性

神さまによって明かされたものは確信です。それ以前に、じぶんじしんで理解したものは思い込みにすぎません。

神さまによって明かされた神さまの唯一性とは、存在《そんざい》するのは神さまだけで、そこには「私」は存在しないということです。かつて私が神さまと並んで存在したことはなく、これからも存在することはありません。また、神さま以外のどんなものも、かつて神さまと並んで存在したことはなく、今も、これからも、ありません。ただ神さまがすべてのものに寄りそって存在するのであり、そうした神さまの寄りそいがなければ、何ものも存在しません。この世のものが存在するのは、この世においてのことにすぎず、神さまが存在するような意味で存在するのではありません。なぜなら、神さまはこの世においてではなく、永遠のむかしから永遠の未来において存在するからです。

神さまを求めた人は、この世のものの世界から出て、神さまの元に向かいます。そこでは神さまだけが存在し、それ以外のものなどそもそもないのです。

71
ただ神さまに なされるがままにあること

もし、私たちが、じぶんの内と外のいっさいがっさいを神さまにゆだね、神さまを神さまからもほかからも求めることなく、かといって、神さまを求めることを止めてしまうのでもなく、つまり、求めるにしても求めないにしても、ただただ神さまのなされるがままにおまかせするなら、神さまは私たちを神さまの近くに引き寄せ、おそばにはべらせてくださるでしょう。神さまにじぶんじしんをゆだねた人に、神さまもまたごじしんをゆだねてくださるのです。

いっぽう、もし私たちが、じぶんの内と外のことごとくにおいて神さまにあらがい、神さまを神さまから、または、ほかから求めるにせよ、あるいは逆に神さまを求めることを止めるにせよ、いずれにおいても神さまが私たちにあてがおうとするものにさからうならば、神さまは私たちを遠ざけ、私たちをおそばから退けられるでしょう。神さまにじぶんをゆだねない人に神さまはごじしんをゆだねられることはなく、神さまにさからうなら、神さまもまたその人に対立されるのです。

72 神さまによって神さまに近づくこと

もし、私たちが神さまによって神さまに近づいたなら、つまり、私たちじしんが求めたのではなく、私たちの心に神さまが投じてくださった神さまを求める気持ちのままに神さまに近づいたなら、神さまは私たちに近づいてくださるでしょう。私たちが、自我《ナフス》の求めに応じてではなく、つまり、神さま以外によって神さまを求めたのでなければ、そこには神さまから私たちを遠ざけるものは何もないからです。

いっぽう、もし私たちが私たちじしんによって神さまに近づこうとするなら、つまり、神さまに近づきたいというじぶんの思いから、近づくことによってえられるだろうすばらしい境地ほしさに神さまに近づこうとするなら、神さまは私たちを遠ざけられ、神さまの御《み》顔《かお》を拝することをお許しにならないでしょう。なぜなら、私たちが神さま以外によって神さまを求めれば、まさしくそのことによって神さまは私たちをごじしんから隠されるからです。

ただし、「神さま以外」と言っても、私たちの目にそう見えるだけで、ほんとうのところは神さま以外のものなど何ひとつありません。神さま以外のものがあるという、私たちの思い込みこそが、おおいとなるのです。

73 神さまから命令と禁止を負わされる人

もし私たちが、私たちじしんのために神さまを求めたならば、つまり、私たちのこの世での善いこと、またはあの世での善いことほしさに神さまを求めたなら、神さまは私たちにいろいろと骨の折れる命令と禁止の重荷を負わせられるでしょう。私たちが私たちじしんの元にとどまって、自我《ナフス》にとって心地よいものを求めるなら、神さまは私たちに、そうした負荷義務の中で自我の望まない疲労困憊《ひろうこんぱい》に出会うことを余儀《よぎ》なくされるからです。というのも、神さまは公正な御方《おかた》ですから、天秤《てんびん》がつりあうようになさるからです。

つまり、私たちがじぶんじしんのために神さまを求めるなら、神さまもまたごじしんのために私たちにさまざまなことを課し、求められるのです。

74　神さまに仕《つか》える喜び

私たちが、私たちじしんのためではなく神さまゆえに神さまを求めれば、私たちと神さまのあいだをさまたげるおおいは取り除かれ、神さまは私たちに心安く接してくださるでしょう。そのとき、神さまはあなたじしんとなっています。

「神さまゆえに神さまを求める」とは、私たちが神さまのどれいであることをはっきりとうかびあがらせたいと望むこと、また、そうすることによって神さまが私たちの主《あるじ》として私たちの前にごじしんをあらわしてくださることを望むことです。

神さまの前で私たちが私たちじしんであることをやめれば、それまで私たちが神さま以外のものだと思い込んでいたものも、すべてまた私たちの前から消えてなくなります。そうしたら、私たちは、神さまの前でじぶんでじぶんを貶《おとし》めることをやめて、神さまによって神さまに対して遠慮ない者となるでしょう。すると、私たちの背にのしかかっていた義務の重荷はなくなり、不遠慮ゆえの安らぎがそれにとってかわるでしょう。そして、神さまに達した者が味わう甘美さを味わうことによって不適切と不毛《ふもう》の苦《にが》い味わいはすっかりなくなっているでしょう。

75 神さまに近づく

神さまにどれだけ近いかは（でも、ほんとうのところは、神さまはいつでも私たちのすぐ間近におられます）、私たちがどれだけ私たちじしんから離れているかによります。神さまに近づくとは、神さまの中にそっくり消えさることです。そのとき、私たちは、じぶんがここに存在《そんざい》し、こうしていること、何をなすにしても、何を思うにしても、すべて神さまに支えられているのだということを、まざまざと知るでしょう。

いっぽう、もし私たちが神さまから遠く離れているとすれば、それは、私たちが神さまのご意志や神さまの決定の高いハードルをいくつもこえる道のりの途上にいて、そのような道のりを歩んでいるとも気づかずにいるからです。

私たちは、じぶんじしんの元に立ち止まって、神さまと並んでじぶんが存在すると思い込み、じぶんの状態に気を取られているため、そこにあらわれた神さまの御業《みわざ》が見えなくなっているのです。

それは、神さま以外のものの前に立ち止まっているせいですが、何度も言うように、ほんとうは神さま以外のものなどありません。

それは私たちの思い込みですが、その思い込みが私たちを障害の前に立ち止まらせているのです。

76　ご命令の一振り

神さまが「何か」を思いのままに存在《そんざい》させようとお望みになったときには、「あれ」というご命令の一振りで、それまで存在しなかった「何か」は神さまの思いどおりの形をとってそこにあらわれます。神さまのことから気のそれた心に、ご命令の一振りが出され、何かをする、あるいは何かをしないことが決定されたとき、それは実際に形をとってあらわれますが、そのとき、じぶんの中に生じた神さまからのご命令の一振りと、それによって実現した具体的な形に気を取られると、その一振りのはたらきを見失います。

その「一振り」の結果生じた具体的なあらわれから目を離し、「一振り」自体に目を向けてみれば、そこには最初に目にした具体的な形とは別のものが立ちあらわれるはずです。その別のものとは、ご命令の「一振り」それ自体です。具体的な形に気を取られているかぎり、その一振りが神さまのご命令の一振りであることに気づくことはできません。すべてはさまざまなご命令のひとつのあらわれにすぎないのですが、それに気づかず、それとは別のものだと思ってしまうのです。

さまざまな形をとって私たちの前にあらわれたものが、どれもみな神さまのご命令の一振りのあらわれだというしんじつを知った人は、じぶんじしんを知ったことになります。そして、じぶんじしんを知った人は神さまを知ります。私たちは、私たちじしんがじぶんに着せかけたさまざまな形によって、じぶんのほんとうのすがたからおおわれてしまっています。同じように、神さまも、神さまごじしんがごじぶんに対して描き出した、さまざまな形容によって身を隠しておられます。

神さまのご命令の一振り、それこそが私たち人間の真のすがたで、その上に加えられたさまざまな形態は、そのしんじつを私たちに見えなくさせるものにすぎません。神さまが最初の人間アーダムを神さまの似すがたに創られた、と言われるのはそういうことです。

77 すべてはひとつのご命令、ひとつの息吹《いぶき》から

神さまのおそばにはべることを望む人は、どんなことをしていても、それに気を取られることなく、神さまのことにすっかり心を向けなければなりません。あなたがじぶんじしんを置いて神さまの許《もと》に向かうなら、神さまはあなたを受け入れてくださるでしょう。あなたがじぶんを捨てさって神さまに向かえば、神さまもあなたのほうに向かってくださるのです。

私たちひとりひとりは、まなざしの一撃のようにすばやい神さまのご命令の一振りです。私たちは多種多様の別個の存在《そんざい》であるかのようですが、じつは、神さまのご命令から発せられたただひとつの息吹にほかならず、ご命令がひとつなら、息吹もひとつであり、ただ、その息吹に多様な側面があるために私たちが多種多様に見える

だけのことです。

私たちが、私たちじしんを引っさげたまま神さまの許に行こうとしても、神さまは私たちをごじしんから隠されるでしょう。神さまのご命令の一振りがとってあらわれた形に気を取られて、その大元の一振りを見過ごし、それでじぶんじしんを見失い、あらゆるもののうちに神さまを見いだすことからも遠ざけられるのです。私たちがじぶんを捨てずに神さまに向かうなら、私たちじしんがおおいとなって、神さまは私たちのほうに向かってはくださらないのです。

78　行為の人、恩寵《おんちょう》の人

一心にへりくだって神さまから命じられたことを果たし、神さまから禁じられたことを退ける人は、行動の基盤となるおきてときまりについてよく知っていなければなりません。でなければ、行動できません。なぜなら、知識がなければ行為はでたらめになるからです。知識こそが行為の道なのです。

行為の人は、じぶんの行為に注意を払い、それを吟味《ぎんみ》しないとなりません。ですから、じぶんを見ることからどうやっても離れられません。なぜなら、何をするにつけ、それを知識に照らし合わせ、それが正しいかまちがっているか確かめないとならないからです。その結果、ことあるごとにじぶんじしんを振り返り、見つめることになるのです。

神さまがじぶんに課した行為において、最高の到達点《とうたつてん》に至《いた》りたいと思うなら、行為の人ではなく、恩寵の人となるべきです。つまり、恩寵を受けるにあたいしない者でありながら、ひとえに恩寵の主である神さまからのご好意によって行為を恵まれる者となるのです。そうなれば、いちいちじぶんの行為を振り返って見る必要はなくなります。なぜなら、何か行為が私の中から生じても、それは私の行為ではなく、神さまが私の中でなさったものだからです。神さまは、もろもろの行為を創った上で、それを「私の行為」と呼ぶことを私たちに許してくださっているだけのことなのです。

79 「じぶんの行為」

　行為は、神さまから心がそれ、しんじつからおおわれた人の道にあるもので、愛の人の道のものではありません。確かに、審判《しんぱん》の日には過去になしたおこないが告げられ裁かれる、と言われていますが、それは、行為をじぶんのものだと思っている人たちに向けられたことばです。

　しんじつを知った人は、かんしゃの念のうちに行為をなします。なぜなら、その行為を恵んでくださった方を見ているからです。行為は表向きの形にすぎず、ほんとうは恵みなのです。

　行為をじぶんのものだと思っている人は、じぶんが行為者だと思うまさにそのことによって、隠れた多神教《シルク》を犯しています。行為をなすものと、行為がなされるもの、そして行為それ自体は、それぞれ別のもので、それでは三つのものが存在《そんざい》することになってしまいます。それではタウヒード（すべてを唯一《ゆいいつ》なる方に帰属させること）になりません。

だれであろうと、たとえ預言者《よげんしゃ》であろうと、「じぶんの行為」によって楽園に入ることはない、と言われますが、それは「じぶんの行為」と思っているかぎりは多神教を犯していることになるからです。

80　静止すること

神さまがごじしんを明かしてくださることによって神さまを知った人は、静まります。つまり、手足も心も落ち着き、現世のことでも来世のことでも、どんな状況でもとまどったり右往左往することがなくなります。そういう人には動きはなく、また静止もなく、神さまの存在《そんざい》のあらわれの中で本来の無に戻っているのです。静まる、とは、動くものひとつひとつを動かす「私」の意志の動きを止め、この創られた世界において静止したものとなることです。命令を発する意志の動きを止めたとき、あなたは本来の静止状態に戻り、無となるのです。

いっぽう、神さまがごじしんを明かしてくださらないために、神さまのことを知らない人は、じぶんで神さまを知ろうとして動き回ります。そして、そのためにおおいをかけられ、道から外れ、迷い、太古のむかしに定められたことに振り回され、神さまのもろもろの決定に満足せず、心をはめつさせる疲れや面倒におちいります。

81 「アッラーのほかに神はないことを知れ、そして、おまえの罪の赦《ゆる》しを乞え」

（クルアーン第四七章一九節）

私たちに求められるのは、神さまの永遠の知識の中においてそうであったように、今現在の私たちの知識においてもやはり神さまだけが存在《そんざい》し、私も私以外のものも、神さまと並んで存在するのではない、ということです。これこそが「アッラーのほかに神はない《ラーイラーハイッラッラー》」の意味するところですが、それは知ってみてはじめてわかることです。神さまのほかには存在者はないにもかかわらず、その神さまと並んでじぶんが存在すると思うこと自体、神さまに赦しを乞わなければならない罪であり、それに匹敵《ひってき》する罪はないとすら言えるものです。

神さまは私たちに、すべきこととすべきでないことを課し、私たちを試み給うていますが、それは、私たちがじぶんじしんによって行為をなすのか、それとも神さまによって行為をなすのか、それを見きわめるためでした。

もし私たちが神さまから課せられた命令や禁止に気を取られて、神さまを見失ったなら、また、もし私たちが、神さまと並んでじぶんも存在すると思い込み、じぶんの存在をじぶんで支えていると言い張ったなら、つまり、それは神さまが私たちをそのように向けられたということですが、そうなれば私たちはまちがいなくはめつです。

82 隠れた多神教《シルク》

神さまを信じる人のほとんどは、神さまと並んでじぶんも存在《そんざい》すると思い、じぶんで神さまを信じ、じぶんで神さまの命令を果たし、じぶんで神さまの禁止を避けているつもりでいます。でも、そういう人たちのおこないは、外にあらわれたものにしろ、心の内に秘められたものにしろ、果たして神さまの正道において正しいものかそれともまちがっているのか、よくわかりません。なぜなら、それらはすべて隠れた多神教《シルク》の上になされているからです。しかも、その人はじぶんが隠れた多神教《シルク》をなしているとは夢にも思いません。そこには表立って多神教《シルク》を思わせることばはありませんから、神さまを信じる人がなしたことは、神さまの聖法にかなったものと私たちは見なすべきですが、ほんとうにそれらのおこないが神さまに受け入れられるものであったかどうかは、神さまにまみえる日にはじめて明らかになるでしょう。

いっぽう、じぶんじしんによってではなく、神さまによって存在し、神さまによって信仰し、神さまによって命令を守り、禁止を避ける人がなすことは、どんなものもその人を神さまに近づけます。その人の行為は、その人を神さまから遠くへだたった底辺から、神さまのおそばの高みにまで近づけてくれるのです。私たちが神さまに近づく行為をじぶんから進んで続けていれば、やがて神さまは私たちを愛してくださるからです。

83　振り出しに戻る

さらによく神さまを知り、また、その神さまのあらわれの中でじぶんというものを知った人は、神さまを信じるのも、神さまの言いつけを守るのも、禁じられたことを避けるのも、どれもみなそれらを神さまのあらわれのひとつとして、じぶんじしんの手でなします。そういう人は、じぶんじしんから身を引いたすぐれた人の境地から、じぶんじしんによって立つふつうの信仰者の境地に戻ります。ゴールしたら振り出しに戻る、というわけです。

その人は一見ふつうの人となんらかわりなく、じぶんじしんによって立っていますが、それは、ひとつの決定によって定められたことのあらわれとして、神さまがじぶんの許《もと》にあらわれたあらわれの中でじぶんじしんによって立っているのであって、ひとつの理解の元にそれに形を与えているにすぎないのです。

ふつうの人は、神さまをよく知った人の境地には遠くおよびません。見かけはどちらも同じようですが、じつのところは大違いで、クルアーンの中でも神さまはふつうの人についてはよそよそしく、「神さまは彼らをうしろから取り巻いておられる」と語っておられますが、神さまをよく知った人には親しげにことばをかけ、「おまえたちがどこを向こうと、そこには神さまの御顔《みかお》がある」と言ってくださっています。神さまを知ったとくべつの人たちがなすおこないは、神さまがその人たちの内に作られたおこないであり、その人たちじしんは神さまを見ることにむちゅうで、じぶんのしていることなど見ていません。

私たちのおこないはじつにさまざまで、レベルもさまざまです。ふつうの人はそのひとつに立ち止まったままですが、すぐれた人はひとつ、またひとつと上のレベルに昇っていきます。さらにもっとすぐれたとくべつの人は、それらを一気に飛ぶようにかけあがるのです。

神さまを知れば、神さまをかわき求めるそれまでの気持ちは一旦おさまります。でも、神さまをさらによく知った人は、知っても知ってもまだもっと知りたいという思いから離れられないでしょう。

84 神さまのタウヒード

あなたがなんであれ、神さま以外のものを求める気持ちを遠ざければ遠ざけるほど、神さまを信じる気持ちは深まり、ゆらぎないものとなっていきます。ふだんのおこないであれ、神さまにささげる崇拝《すうはい》行為であれ、あるいはまた、神さまを知り、神さまを見ることであれ、神さま以外のどんなものにも心が惹《ひ》かれることがなくなれば、それだけ神さまを求める気持ちはふえ、神さまを強く確信する心は定まり、手足は神さまにへりくだるようになるでしょう。

神さまからあなたを隠すおおいにほかならないあなたじしんを、あなたが避ければ避けるだけ、あなたのタウヒード（神さまを唯一の方とすること）は強固なものとなります。そこにはもはや表立った多神教《シルク》も隠れた多神教《シルク》もありませんから、あなたは目の覚めるような真のタウヒードを味わうでしょう。

そして、ついには、神さまのタウヒードがあなたを通してあらわれることによって、タウヒードは完成します。

つまり、永遠のむかしから、永遠の未来まで、神さまだけがただおひとりのみ存在《そんざい》するようになるのです。

85 二重のおおい

神さま以外のものによるタウヒードは、たとえあらわれても完全なものとはなりえません。なぜなら、神さま以外のものは、目に見える世界のものも、目に見えない世界のものも、みな、私たちがじぶんじしんを知ることをさまたげるおおいだからです。そして、そうしたものによっておおわれた私たちじしんも、またひとつのおおいをなし、それによって神さまのしんじつを見ることからさまたげられています。私たちは、神さまを見ることからじぶんじしんによっておおいをかけられた上、じぶん以外のものによってじぶんじしんを見ることからもおおいをかけられ、つまり、二重におおいをかけられているのです。

神さまはだれからもおおい隠されてはいません。なぜなら、何かをおおい包むものは、それよりも大きくなくてはなりませんが、神さまより大きなものはないからです。ですから、神さまごじしんは完全なあらわれで存在《そんざい》しています。ただ、それでいながら、神さま以外のものからは隠れているのです。

神さまは、私たちの頭による理解や五感による知覚から隠されています。つまり、私たちが私たちじしんによって、ふだん神さま以外のものを理解し、感じ取るのに用いる知覚によってとらえようとしても、神さまはとらえられないのです。

さまざまなものに気を取られてじぶんじしんからおおわれた私たちに、じぶんが何者かを知ることはできず、まして神さまを知ることはできません。なぜなら、じぶんじしんを知った者こそが、じぶんをいつくしみ、支えてくださる神さまのことを知るからです。

私たちは、私たちを取り巻くさまざまなことを知ろうとして、それらに気を取られていますが、じつは、それらは私たちじしんのうちにあらわれた、私たちじしんに向けられた、私たちじしんのひとつのあらわれであり、さまざまなもののうちに輝き出でた神さまのあらわれにほかなりません。

86 すべては私じしん

私たちが理性によって知覚するものは、私たちの理解力に応じて私たちの心にしるしづけられたあらわれであり、理性とは、そうしたあらわれをとらえる能力のことを言います。

人によってその理解力はことなり、すぐれた理解力を持った人もいれば、そうでない人もいます。

神さまのあらわれについて言えば、そうしたしるしづけは、神さまのとくちょうやはたらきを表現した神さまのさまざまな名前によって、私たちに知覚できる神さまのあらわれの中に示されます。

同じように、私たちが感じ取るものはみな、まず目、耳、舌、鼻、そのほかの身体（つまり皮膚《ひふ》）といった五つの器官にちょくせつにあらわれた後、人それぞれの持つ五感に知覚された神さまの名前ととくちょうとしてあらわれるのです。

神さまが知る御方《おかた》であると同時に知られる御方であるように、人間も知る者であると同時に知られる者でもあります。なぜなら、神さまは最初の人間アーダムを神さまの似すがたに創られたからです。

また、この世にあるものは、すべて私じしんが私の内にあらわれたもの、つまり、私じしんなのです。

87 サラーム

神さまからじぶんじしんによっておおいをかけられ、そしてまた、じぶん以外のものによってじぶんじしんからもおおいをかけられた私たちは、私たちじしんから離れれば、神さまを見るでしょう。と言っても、神さまは隠れておられるわけではありません。神さまが隠されることは決してなく、これまでもこれから先もずっと今ここにおられ、私たちを見守っておられます。隠れているのは私たちのほうであり、神さまの前にいるのに、それが見えていないのです。もし、あなたが神さまのほうに顔を向け、神さまを目にしたなら、もうほかのものは目に入らないでしょう。いえ、あなたはほかのものを見ているでしょうが、それはもはや「ほかのもの」ではありません。「ほかのもの」と呼んでいたものは単なる名前にすぎず、それには実体はなかったのです。それは、偶像崇拝者《すうはい》が実体のない像を「神」と呼ぶのと同じようなものです。

「ほかのもの」という名が消えてなくなれば、その名といっしょにそれまでは実体があると思っていたものも消えてなくなります。そして、そこに残るのは、すべてのものがよって立ち、天と地にあらわれるすべてのものがその御力《おちから》によって支えられている真に生きた御方《おかた》、神さまだけなのです。

このことに気づいたとき、あなたの心は平安に満たされ、もはやこの世とあの世において何のおそれも不安もないでしょう。

それでは、平安《サラーム》あれ。


（了）

本書は、ムスリム新聞社より
二〇〇八年四月に刊行された
『やさしい神さまのお話』(限定一〇〇部)を
新装改訂したものです。

やさしい神さまのお話

2020年9月1日　第1刷発行

監修者
中田 考
著者
中田香織
序文
山本直輝
ブックデザイン
鈴木成一デザイン室
発行者
北尾修一
発行所
株式会社百万年書房
〒150-0002 東京都渋谷区渋谷3-26-17-301
電話080-3578-3502
webページ http://millionyearsbookstore.com/
印刷・製本
中央精版印刷株式会社
ISBN978-4-910053-16-5